J. Allen

TIRE O BALDE DA CABEÇA

COMO IDENTIFICAR OPORTUNIDADES E POTENCIALIZAR O RESULTADO DE SUA EQUIPE

TRADUÇÃO
UBK Publishing House

ubook UBK Publishing House

Publicado mediante acordo com DropCap Rights Agency. Edição original em inglês, *Bucket Heads: Take the Bucket Off Your Head*, publicada por Beaver's Pond Press (939 7th St W, St. Paul, MN, 55102, United States).

ubook ubk Publishing House

COPIDESQUE	Know-how Desenvolvimento Editorial
REVISÃO	Rowena Esteves | Vivian Sbravatti
CAPA	Bruno Santos
PROJETO GRÁFICO	Bruno Santos
	Antônio Cunha

Dados Internacionais de Catalogação na Publicação (CIP)
(Câmara Brasileira do Livro, SP, Brasil)

Allen, J.
Tire o balde da cabeça! : como ouvir, identificar e potencializar o sucesso de sua equipe / J. Allen.
-- 1. ed. -- Rio de Janeiro : Ubook Editora, 2021.

Título original: Bucket Heads: Take the Bucket Off Your Head.
ISBN 978-65-5875-071-0

1. Administração 2. Empreendedorismo 3. Gestão de negócios 4. Liderança I. Título.

21-53882 CDD-658.421

Ubook Editora S.A
Av. das Américas, 500, Bloco 12, Salas 303/304,
Barra da Tijuca, Rio de Janeiro/RJ.
Cep.: 22.640-100
Tel.: (21) 3570-8150

SUMÁRIO

INTRODUÇÃO

Por que agora, por que eu, por que é relevante?

Por que sou compelido a colocar meus pensamentos e experiências no papel? Considere o seguinte: a experiência retratada neste livro é baseada em meus trinta anos de perspectiva empresarial como fundador e CEO da Masters Alliance Consultancy — nesse tempo, servi mais de 120 organizações em mais de vinte indústrias e 13 países… — e em interações culturais em 34 países. Minhas observações incluem o trabalho com mais de 2.200 executivos seniores e seus subordinados diretos. Bem, parece que os conhecimentos obtidos com essas experiências podem ser dignos de ser colocados no papel. Eles podem ter uma relevância considerável, até mesmo quando os leitores os conectam a exemplos de suas próprias vivências.

Ao longo dos anos, tenho observado muitos textos de autores de renome baseados em consideráveis pesquisas e experiências comprovadas. Eu não colocaria meus pensamentos por escrito a menos que pudesse oferecer uma visão nova, única e convincente da pura alegria de conduzir equipes entusiasmadas a novas oportunidades fascinantes. A primeira pessoa que seriamente abordou o assunto de eu escrever um livro foi meu cliente Tom Gould, presidente da Younkers, uma rede de lojas de departamento, há mais de vinte anos. Durante o nosso jantar, após um dia de reuniões animadas em que celebrávamos as grandes vendas e o sucesso de lucro em um mercado de varejo em baixa, Tom sugeriu que eu escrevesse um livro que incluísse experiências e casos de sucesso do meu contato com outros clientes e que ajudasse os leitores a incorporarem, em suas próprias organizações, insights para alcançar semelhante sucesso.

Uma coisa incrível aconteceu quando finalmente decidi escrever sobre essas experiências. Comecei a me lembrar de minhas conexões instigantes com os clientes, conforme íamos trabalhando para elevar o sucesso a outros patamares — vencendo obstáculos, cativando a participação de todos e vendo os primeiros frutos do sucesso nas realizações e entusiasmo das organizações. Há uma espécie de magia nessas lembranças e observações... tanto que agora estou saturado com um desejo insaciável de compartilhar essa empolgação com os outros.

Uma ideia de sucesso comercial poderia ser tão simples como *se divertir no trabalho*? "O quê?", você diria. "Como isso pode ser possível?"

A decisão de entender os mercados, os clientes, os concorrentes e as nossas organizações de maneiras diferentes, seguida da vontade de mudá-los para o benefício de todos, é a entrada para um novo nível de engajamento, empolgação e — sim — diversão no trabalho! É a batalha, a competição, que é tão emocionante e tão atraente. É o pensamento estratégico. É o tentar, o superar e o tentar novamente. São os experimentos, os fracassos, a aprendizagem, os pequenos sucessos e as vitórias que temperam a vida no trabalho! Esta é a adrenalina e o significado que eu quero que cada vez mais pessoas percebam, alcancem e compartilhem. Isso não vem de estudos exaustivos, que às vezes são mascarados por percepções limitadas do que é possível; vem de conexões em primeira mão com aqueles que estão correndo atrás do que parece impossível.

Eis um desafio de aquecimento: O que é visto como impossível em seu ramo/ indústria, mas que, se pudesse ser feito, mudaria fundamentalmente tudo? Se isso não vale ser abordado, não há necessidade de continuar lendo...

Minha motivação é desafiar os outros a **pensar, agir e fazer as coisas de maneira diferente, divertindo-se mais e impactando mais**. Pergunte-se: "Estamos contribuindo para um mundo de negócios que está falhando em ver o retorno sobre investimento (ROI) concentrado nas pessoas, nas comunidades, nos fornecedores e nos clientes? Perdemos a adrenalina de buscar a vantagem competitiva como um elemento crítico de rentabilidade? Estamos nos esquivando dos esforços agressivos para **criar demanda de mercado** como um método mais sustentável de aumentar as margens de lucro? Estamos nos concentrando *primeiramente* em outras ferramentas essenciais para o sucesso, tais como técnicas *push* de vendas ou gerenciamento de custos?".

Quero ajudá-lo a ver algumas coisas das quais pode ser que você não esteja consciente e rever algumas coisas que pode ter esquecido. Quero ajudá-lo a ser tão bem-sucedido quanto quiser — e ainda mais realizado do que pensa ser possível.

É hora de tirar os baldes de nossas cabeças e ver as incríveis oportunidades...

SEJA UM CAMPEÃO — PARTICIPE DE FORMA DIFERENTE

Cenário da vida real para o capítulo um

Olivia e Nate estavam sentados nas poltronas 11C e 11B do voo de Boston a São Francisco em uma tarde de primavera. Estavam ocupados com o trabalho na maior parte do tempo, mas notaram uma passageira bem-vestida na poltrona 11A lendo algum livro sobre "tirar o balde da cabeça" e ocasionalmente murmurando "Somos nós!".

— O que você está lendo? — perguntou Nate.

— Estou lendo sobre perceber mais o mundo ao nosso redor, ver mais claramente e compreender verdadeiramente o perigo de perder oportunidades com nossos clientes, com nossas equipes e até mesmo em nossos mercados.

Olivia avidamente se envolveu na conversa:

— Luto com isso todos os dias. Somos tão inteligentes, experientes e bem-sucedidos que pensamos saber tudo, mas às vezes deixamos as coisas passarem. Tendências perdidas, oportunidades perdidas — é tão frustrante. Eu realmente não suporto isso!

— Uau — pontuou Nate —, talvez seja esse o problema que minha equipe está tentando me explicar. Talvez eles não aguentem mais isso.

A leitora se apresentou como Meredith e disse que tinha o problema nos dois contextos: em sua organização e às vezes com ela mesma. Ela acrescentou que o simples fato de estar ciente da tendência faz a diferença; ela havia contornado com sucesso essa síndrome em sua organização anterior.

— O que você fez? — perguntaram Nate e Olivia...

CAPÍTULO 1

Tire o balde da cabeça e grite "Uau!"

 MASTERSALLIANCE.COM

O ALTO CUSTO DE SER SUPERCONFIANTE

Quando você não observa mais, não compreende mais profundamente e não procura descobrir o que está acontecendo, você está inocentemente desatualizado? Está andando por aí, sem saber o que está ao seu redor, como se houvesse um balde em sua cabeça? Está tão ocupado ou preocupado que acredita que se manter atualizado com a realidade ao seu redor não é importante?

A importância de estar atualizado (e compreender a gravidade de estar desatualizado) é fundamental para o sucesso! Você se isola naturalmente ou esta é uma condição proposital decorrente do medo de descobrir coisas contrárias às suas percepções e às crenças às quais você se agarra? Essa realidade tem consequências e a solução revela oportunidades maravilhosas e problemas críticos!

Ter uma visão geral é um ótimo negócio

Imagine um quebra-cabeça com muitas peças sem sentido — falta-lhe clareza sem a foto na caixa do jogo para se guiar. Algumas áreas ficam claras, mas sua conexão com a visão geral é incerta. Não é razoável fazer declarações perspicazes e seguras sobre o quebra-cabeça completo. Agora considere que a vida real está sempre em movimento; as tendências estão evoluindo e se tornando novas realidades a uma velocidade notável.

Sua capacidade de ver, absorver e entender individualmente o que está acontecendo — e criar uma visão competitiva para lidar com cenários de grandes mudanças — é muito limitada. Fica ainda mais difícil se você tentar fazer isso com base em seu próprio pensamento e perspectiva.

Todos nós precisamos de ajuda para juntar as peças deste quebra-cabeças da realidade que muda muito rapidamente — para acompanhar as constantes alterações de humor, preferências e para determinar onde podemos fazer uma diferença substancial e ganhar vantagem competitiva.

Os riscos de pressupor

Uma boa conclusão seria que você, como indivíduo, não pode saber tudo o que precisa para tomar as decisões mais inteligentes. Ferramentas como o Google Search podem lhe dar acesso a dados sólidos e muitas opiniões, mas faltam nelas a análise precisa de pessoas engajadas e focadas em obter insights para fins competitivos. Não há como substituir os esboços de perspectivas diferentes e perspicazes feitos pelos membros da equipe que estão imersos em seus mercados, mais próximos de seus clientes e em contato com seus fornecedores. Essa informação é essencial para qualquer decisão bem-sucedida e informada sobre a situação atual — ou futura.

Presumir que você sabe o que é melhor, ou que realmente sabe o que está acontecendo, só funciona quando se tem muita sorte! Quando isso não acontece, você tende a se referir ao problema resultante como "circunstâncias inesperadas". O futurista Joel Barker, entretanto, prefere o termo mais preciso "consequências imprevistas".

Há uma grande diferença entre as duas frases. Uma implica relativa inocência: "Ah, nós não vimos as surpresas; como podiam esperar que víssemos?". A outra afirma claramente o que aconteceu e assume a responsabilidade: "Não consideramos os cenários que poderiam gerar o resultado. Faltava-nos o foco, a disciplina ou — o mais importante — a variedade de informações que teriam nos informado sobre as consequências de nossas decisões".

A esperança e a sorte são fatores indiferentes

O risco de escolher ter sorte em vez de estar suficientemente informado é ótimo. Por que relutar em procurar informações criticamente importantes, reunindo-as em insights significativos e impactantes, que podem fazer *diferença*? Qual é o problema? Por favor, pare por um momento antes de continuar. Não estou falando de diagnóstico paralisante! O conceito em discussão é *tanto* sobre a tomada de decisões perspicazes *quanto* sobre a tomada de decisões de forma extremamente rápida e oportuna. Trata-se de estar continuamente informado, não apenas quando é necessário tomar uma decisão importante, e do insight coletivo e colaborativo de outras pessoas, informando de forma consistente um fundamento confiável e perspicaz para discussão, tomada de decisões e vantagem competitiva.

Por que ficamos desatualizados?

Você realmente acha que sabe tudo, que sabe o que é melhor e que é realmente a pessoa mais inteligente que existe? Acredita que as opiniões dos outros não são tão importantes ou que as suas suposições são atemporais e não precisam ser atualizadas? Sério? Você se esqueceu de como se faz uma pergunta? Está tão desatualizado que não sabe por onde começar, por onde conseguir a informação? Está tão envergonhado por estar desatualizado que teme parecer tolo ou fazer perguntas "estúpidas"? Por isso fica cada vez mais desatualizado? Tente lembrar-se do divertimento e da emoção de entender uma situação ou mercado de forma diferente e ver os problemas e oportunidades mais claramente. Se está perdendo oportunidades que estão "bem na sua frente" porque é incapaz de fazer perguntas, talvez tenha um balde em sua cabeça!

Considere este grande exemplo "sem balde": um cliente CEO de renome declarou algo notável durante nosso trabalho em conjunto.

— J. — disse ele —, você descobriu mais sobre nós do que queríamos saber!

Pense nisso por um momento: o CEO confessou que existiam coisas "desconfortáveis" acontecendo na organização das quais eles não sabiam.

Você pode desconsiderar isso, dizendo: "É claro! Nenhum líder sabe tudo o que está acontecendo em sua organização!". Isso é absolutamente verdadeiro. Mas, por meio de nosso processo de Descoberta Rápida, questões concretas, descobertas inacreditáveis e, o mais fascinante, oportunidades de crescimento nos negócios vieram à tona. E com uma surpresa — não tivemos que procurar tanto assim para encontrá-los!

Quando concluímos essa tarefa, deixando algumas oportunidades concretas de crescimento para o cliente, comecei a especular sobre como isso aconteceu. O CEO não era conhecido por ser desatualizado ou ignorar os conselhos dos outros. Na verdade, este líder era ótimo em várias características — não era arrogante, idiota ou ignorante. Ele tinha confiança e se cercava de líderes igualmente confiantes. E isso me leva à minha próxima pergunta: "Há um custo em ser superconfiante?".

A visão superconfiante

Como é ser superconfiante? Não é como se líderes desatualizados propositadamente tivessem baldes nas cabeças. Alguns descrevem isso como ater-se à ideia de que "o que me trouxe esta promoção servirá bem para o futuro". Isso pode ser visto em encontros de liderança, quando os líderes se esquecem de ouvir e, em vez disso, gastam o tempo falando de suas últimas e melhores ideias. Também vemos isso quando trabalhamos com clientes e eles entram **na zona perigosa do pensamento em grupo.**

A conformidade racionalizada do pensamento em grupo é uma situação de ameaça para os negócios que o deixa na corda bamba. Um time de liderança preso em sua própria imagem de grandeza não consegue ver a oportunidade que está à frente e nem os riscos de não ver o perigo.

Vejamos, por exemplo, uma expansão internacional dos negócios. É um grande estudo de caso sobre a superconfiança. Executivos sofrendo com sua própria "sabedoria" sobre a abordagem — esperando a expansão rápida e grandiosa como foi em seus negócios nos Estados Unidos. Em retrospectiva, a maioria concorda que negligenciou a atenção a novos clientes, mercados e concorrentes no momento de planejamento e execução. Quando viram a manifestação de seu plano mal-informado, sofreram perdas significativas.

O que está em jogo

Não prestar atenção ao mundo fora de sua organização resulta em um custo real.

Embora todos nós preferíssemos evitar um abrir de olhos que nos custe milhões de dólares, às vezes isso é necessário. Às vezes é preciso um deslize nas métricas-chave ou a perda de membros realmente talentosos na equipe. Às vezes isso nunca acontece e o superconfiante permanece — ignorando a sabedoria que está por toda parte, perdendo oportunidades e obtendo resultados baixos. Os líderes precisam entender o que têm a ganhar com a sabedoria que os rodeia.

Seja uma incompetência inconsciente, seja uma arrogância ultrajante, o custo de manter uma liderança superconfiante que não sabe observar é alto. Você perde as tendências porque suas ofertas e capacidades não combinam com as necessidades atuais, e muito menos com as emergentes. O foco míope — direcionado apenas para descontos, vendas sólidas e obtenção de resultados momentâneos, ignorando as mudanças na realidade e oportunidades óbvias — ameaça o sucesso organizacional sustentável.

A confiança bem informada não é o problema

Se você já trabalhou com um cabeça de balde, sabe que é um desafio fazer com que suas ideias sejam consideradas. As boas ideias são descartadas antes de receberem um minuto de atenção. As ótimas ideias ficam paralisadas em algum framework de tomada de decisão. Em um dia bom, esses líderes poderiam ser descritos como "realmente comprometidos com suas visões". Em um dia ruim, seriam chamados de "voluntariamente ignorantes" — com baldes nas cabeças para garantir que nenhum pensamento novo seja aprovado!

Ao mesmo tempo, a confiança de alguns líderes é um trunfo — conquistado em batalha após batalha no mercado e nas salas de reuniões. Bill LaMothe, CEO aposentado da Kellogg Company, me disse uma vez: "J., você sabe o quão mais difícil é permanecer no topo do que chegar nele? Procuramos em todos os lugares a fim de descobrirmos a próxima oportunidade de excelência em nosso trabalho e para nossos clientes — e as necessidades emergentes de ambos".

A confiança de Bill foi merecida, já que ele era um mestre em observação. Sua autoconfiança era baseada na humildade de procurar saber mais e descobrir o que poderia estar escondido e compreender os mercados, os clientes, os concorrentes, as pessoas e as oportunidades convincentes.

Quer pontuações de engajamento mais altas? Engaje... seja um observador eficaz

Um líder precisa "ouvir para aprender, depois ouvir para causar disrupção", como dito uma vez pelo CEO da Microsoft em uma entrevista. O líder que é um observador habilidoso procura oportunidades para aproveitar a sabedoria dos outros. Ele pratica o **MBWA** — *Management by wandering around* ("gerenciamento andando por aí", em tradução livre) — uma tática popularizada por Tom Peters em seu livro de referência *In Search of Excellence*. O observador faz mais perguntas em busca de informações, em vez de respostas, e, quando está em um elevador ou em uma cafeteria, faz contato visual e inicia uma conversa com um funcionário da linha de frente em vez de um subordinado direto.

Ao considerar esse comportamento e ponderar a decisão de tomar ações específicas e produtivas, por favor considere as frustrações dos que não são ouvidos. Eles se sentem engessados em seus trabalhos ou valorizados como contribuintes? Falta-lhes entusiasmo com o trabalho e todos os dias são incapazes de cumprir seu potencial como membros importantes e perspicazes porque não têm voz?

O ato de escutar para aprender e agir sobre as percepções dos outros é edificante tanto para os observadores quanto para os que estão sendo incluídos! Isso abre bons espaços para opiniões, pensamentos e engajamento. Cada um de nós coloca um balde na cabeça de vez em quando — a chave é reconhecer e remover o balde o mais rápido possível!

Aproveite a liberdade de retirar o balde de sua cabeça e ajudar outras pessoas a experimentar essa liberação de energia e tensão pela remoção de seus próprios baldes. Viva mais, divirta-se mais e conquiste mais.

Comece hoje — tire o balde e veja mais possibilidades futuras

Então, como se faz isso? Como você se torna um observador (ou um observador melhor)? Como líder, é sua missão estar sempre perguntando, procurando e descobrindo. Você precisa dar tudo de si, se tornar mais corajoso rapidamente, arriscar-se e expor-se. Pergunte, escute, aprenda, pergunte novamente, escute de outra forma, comece a ligar os pontos... e traga uma percepção clara para seu quebra-cabeça de negócios!

Avalie sua capacidade de observar, encontre seu caminho como observador. Redescubra sua curiosidade há muito perdida sobre os mistérios da organização. Abra-se para ser surpreendido por novas perspectivas, novas informações e novas oportunidades. Aprenda a amar e valorizar esta nova (ou renovada) habilidade.

Comece a desenhar o comportamento que deseja ver em seus pares e em sua equipe. Ajude os outros a ver o valor de largar as opiniões preestabelecidas e buscar novas formas de pensar e atender a clientes. Quando for bem-sucedido, outros notarão. Quando for reconhecido por isso, outros mudarão. Você pode ser o ponto de partida de um Movimento Observador em sua organização. Seja um observador eficaz e perceba o aumento da energia da organização.

O mundo está cheio de soluções e oportunidades disponíveis para aqueles que querem enxergá-las. **Determine-se a observar algo novo ou de uma nova maneira todos os dias.** Descubra oportunidades e barreiras ocultas mais rapidamente e de forma mais precisa. Repare como você filtra o que está acontecendo. Abra-se para ser surpreendido por novas perspectivas, novas informações e novas oportunidades. Faça com que as coisas sejam feitas de forma mais rápida e criativa em sua organização — divirta-se um pouco...

Cenário da vida real para o próximo capítulo

Javier, Gume e Rita tinham percorrido meia hora de uma viagem de duas horas de estrada para visitar um cliente importante. Estavam entusiasmados com a ousadia da organização deles. Estavam começando a ver mudanças nas atitudes dos clientes e até mesmo no interesse do fornecedor em uma colaboração inovadora — coisas que estavam faltando há algum tempo.

O antigo ditado "Não podemos fazer isso agora, temos que fechar o trimestre" ainda prevalecia. Mas eles estavam percebendo mais pedidos, aumento nos volumes, alguma melhoria das margens etc. Gume, o mais novo membro da equipe, perguntou como isso aconteceu.

— Bem, é mágico quando todos participam da mesma visão... das operações de sucesso e de sua saúde, da conexão com os visitantes, de seu apelo à comunidade e da atratividade durante condições de crescimento boas e ruins.

"Da mesma forma, em nossa organização, todos abraçamos este princípio comum para garantir que ideias inovadoras sejam implementadas. Estas ideias reconhecem a realidade da mudança das preferências dos clientes e ajustam-se ao ambiente em modificação... o que podar, o que remover, o que replantar e assim por diante."

— Essas foram decisões difíceis — acrescentou Javier. — Mas nós conseguimos! É necessário que haja um bom equilíbrio entre encorajar experimentos criativos no "jardim" e evitar coisas como "replantar por atacado" partes do jardim sem considerar o impacto sobre o mercado-alvo e os clientes.

— Agora eu entendi. Como posso ajudar a continuar a transformação? — perguntou Gume.

CAPÍTULO 2

Sucesso real além dos números?

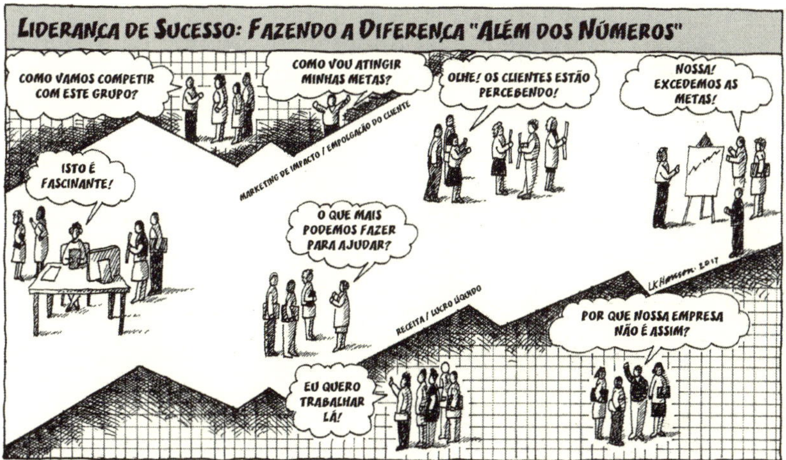

 MASTERSALLIANCE.COM

O CRESCIMENTO DOS NEGÓCIOS: DEMANDA DOS CLIENTES, VALOR AGREGADO E VANTAGEM COMPETITIVA?

Algo está diferente. Talvez você esteja começando a perceber que esta não é apenas mais uma discussão sobre liderança! E espero que concorde com isso quando terminar de ler este livro. Mais tarde, vamos explorar como "o fardo do arrependimento é maior do que o risco da liderança". A ideia é que não importa qual seja seu cargo em uma organização, você tem a oportunidade de se destacar como um líder — só tem que perceber a oportunidade e agarrá-la! Este capítulo, no entanto, é para aquelas almas corajosas que oficialmente se inscreveram para fazer parte de uma equipe de liderança (ou pretende fazê-lo).

Você está no topo de sua organização e trabalhou duro para chegar lá. Se já está neste cargo há alguns meses, sabe que as características e os talentos que o levaram até lá podem não ser mais suficientes. Aquelas habilidades que diferenciavam você, que o separaram da concorrência interna, precisam ser atualizadas para transformá-lo no melhor líder que você pode ser.

Presumo que saiba como trabalhar duro e construir relacionamentos. Você tem um conhecimento sólido dos produtos, processos e tecnologia da empresa — e percepções das necessidades do cliente de forma a competir e ganhar participação de mercado. Isso é essencial para a liderança. É o que o permite frequentar o clube da liderança. Mas essas características não o ajudarão a permanecer relevante em seu cargo. Na verdade, as coisas que o diferenciarão agora provavelmente têm relação com algumas das coisas que você aprendeu no início de sua carreira.

Você se lembra dos primeiros pensamentos que teve quando estava começando como empresário? Talvez tenha murmurado "Espero que essa liderança seja inteligente, porque isto não faz sentido nenhum para mim!" ou "Uau, esse é um produto novo incrível. Pergunto-me como descobriram!". Seu cérebro estava se enchendo de novas culturas a cada dia — novas exigências para ajustar o que parecia ser o "sucesso". Ou talvez, como uma mente recém-formada no MBA, você estava ansioso para mostrar a todos as coisas que ninguém poderia imaginar. Em qualquer um dos casos, você estava pronto para fazer a diferença, destacar-se e ser reconhecido.

O que mudou?

Agora pode parecer que as regras estão diferentes. Se você já está nisto há alguns anos, talvez décadas, essas experiências estão em um passado já esquecido? Boas lembranças de tempos mais simples... ou não? Suas experiências pessoais de crescimento pessoal não têm servido bem para você e sua empresa? Desde quando fazer a diferença no mundo deixou de ser importante? Desde quando a introdução de um produto revolucionário no mercado ficou fora de moda?

Você e eu sabemos que estas coisas não deixaram de ser relevantes. Nós apenas nos distanciamos delas por causa de outras exigências. Primeiro, gerenciando uma equipe, e então mais expostos aos líderes. Em seguida, trabalhando com líderes seniores, aprendendo como eles alcançaram o sucesso, concentrando-nos nos números e nos resultados. Começamos com as vendas, os custos de produção e a satisfação do cliente — depois, tivemos mais complexidade, com o preço das ações se tornando um ponto de monitoramento (quando nosso pagamento passou a incluir as opções de ações). É um caminho previsível que vi repetidas vezes. O preço das ações, o índice Preço/Lucro, os pagamentos e a confiança dos investidores são extremamente importantes. É nisso que você se concentra hoje em dia — suas métricas-chave de sucesso? Se responder rapidamente "talvez" ou "sim", é hora de reexaminar se está realmente liderando.

Beije a fera

Pense no que o motivava antes de receber um bônus executivo ou ganhar participação nas ações. O que o fazia chegar cedo ao escritório, ficar até tarde e se engajar além do que pensava ser possível? O que o seu *eu do passado* estava pensando que o levou ao seu *eu do presente* e fará diferença para seu *eu do futuro?*

Você precisa fazer a diferença para que o seu *eu do futuro* — recapture os princípios básicos do negócio que eram tão intrigantes, tão emocionantes, tão atraentes — incute nos outros o mesmo desejo de fazer as coisas únicas e competitivas acontecerem. Porém, e se isso não for mais tão natural? E se isso fizer sentido, mas você não puder se lembrar de como começar? E se, por exemplo, o MBWA parecer uma perda de seu tempo tão precioso ou, ainda mais revelador, for um pouco assustador? (*Para onde eu iria? O que eu diria? E se eu parecer estúpido ou desatualizado?*)

Em seu livro *Cristianismo puro e simples*, C. S. Lewis (escritor, filósofo e professor de longa data das universidades de Oxford e Cambridge) descreveu uma perspectiva sobre a conexão entre aspiração e realidade. Para ajudar a explicar como esses dois conceitos distintos trabalham em conjunto, ele sugeriu a história de *A bela e a fera*. Na fantasia, uma garota se casa com um monstro... mas quando ela o beija como se fosse um homem, ele se transforma em um homem.

Sua aspiração de se tornar um líder digno e melhor precisa superar a realidade. É nesse momento que você precisa reaprender as habilidades de um líder executivo para ser cada vez mais relevante para sua organização! Você precisa "beijar a fera". Mas lembre-se: a motivação deve ser pura. Sem fingimento. Nas palavras de C. S. Lewis: "Muitas vezes, a única maneira de obter uma qualidade na realidade é comportar-se como se você já a possuísse".

Para tornar esta mudança de liderança mais viável e atraente, lembre-se de como você lidou com as mudanças incômodas no passado. Lembra-se de quando decidiu ser corajoso e não mostrar seus medos? Talvez tenha sido um evento esportivo, um show, um discurso ou alguma outra grande responsabilidade. Lembra-se de quando você engoliu o choro e fez o que tinha que ser feito, tornando-se mais corajoso? Quando você ajudou outras pessoas e, como resultado, tornou-se mais atencioso? Foram nesses momentos que suas aspirações se tornaram realidade.

Tenho observado que muitos líderes experimentam o mesmo resultado. Eles decidem conscientemente mudar a maneira como lideram para beneficiar aqueles que estão sendo liderados, o sucesso da organização e a realização pessoal. E, ao liderar cada vez melhor, eles se tornam mais confortáveis com as mudanças. É um pouco como voltar a andar de bicicleta — nossos "músculos de memória básica do negócio" retornam rapidamente. Mais uma vez, você encontra a animação de conectar-se com os clientes, com aqueles que se conectam diretamente com os clientes, com os fornecedores e com outros colaboradores. Você também descobre que seus esforços são valorizados por outras pessoas. Uma das minhas citações favoritas de um cliente executivo é: "É incrível o quanto aprendi no mês passado sobre nossos negócios. Em vez de meses de reuniões e relatórios, tive a verdadeira experiência do que realmente está acontecendo em nossa organização".

Mas como encontrarei tempo?

Jack Welch dirigia a General Electric Company enquanto ensinava formalmente novos executivos; visitava clientes, fornecedores e fábricas; exigia responsabilidade das pessoas — e mantinha sua pontuação seis no handicap de golfe. Tive a sorte de interagir pessoalmente com Jack duas vezes em minha carreira. Eu o achei um ouvinte atento, o que permitiu que ele fizesse comentários pontuais e encorajadores em nosso segundo encontro.

Minha conclusão a partir de discussões muito mais profundas com centenas de líderes é que o tempo não é a questão. A questão são as prioridades, os compromissos e um entendimento de como fazer com que mais coisas sejam realizadas com participantes muito mais animados. Você não precisa estar em todo lugar ou ser perfeito. Você não necessita se conectar com todos para que a notícia de seus esforços circule. Seu compromisso de fazer o máximo que pode é o que conta.

Ainda preocupado com o tempo? Aqui vai um lembrete: você está sempre sob os holofotes. Os líderes são responsáveis por suas reputações — administre-as ou deixe que os rumores o façam. Isto não é autopromoção. É ser humano e fazer o que é certo.

Veja algumas ideias para ajudá-lo a começar a fazer, praticar e experimentar... porque é preciso começar se você pretende realmente continuar sendo um líder.

Fazendo uma real diferença para os clientes e a equipe

A emoção de resolver um problema para um cliente é diferente de qualquer outro sentimento em um dia normal de trabalho! Antes de descartar a ideia de que não pode mais fazer isso, por causa de sua agenda e colocação na organização, vou desafiá-lo a pensar de forma mais aberta. Mais ampla. Só porque você não consegue resolver o problema individual do cliente Jason Smith, não significa que você não possa se comprometer para fornecer uma solução para todos os clientes como Jason. Esse é o dom do poder em uma organização — você tem os recursos, a posição e os meios para resolver *grandes* problemas no mercado. Você pode criar um produto único para atender às necessidades conhecidas ou desconhecidas dos clientes! O que o impede de fazer isso?

Você pode mudar sua trajetória hoje — agora mesmo. Basta encontrar alguém que tenha a mesma paixão que você teve no passado e convidá-lo para um almoço. Pergunte-lhe como você pode ajudar a fazer uma diferença para os clientes. Repita isso com outros frequentemente. Abra sua mente, seu coração e talvez até seu orçamento para compreender que uma ideia que nasce em um único almoço pode mudar um mercado inteiro.

Tome medidas imediatas sobre as coisas que o entusiasmam. Envolva o subgerente da equipe no processo e observe os engajamentos começarem a aumentar. Monitore o progresso de fazer a diferença tão de perto quanto monitora o preço das ações de sua empresa. Alguns podem chamar isso de "projetos de estimação". Francamente, não me importo com a maneira como você os chama. Se estão fazendo uma diferença verdadeira no mercado, então você deve gastar tempo e recursos com eles.

Pelo amor de Deus — faça de fato o que você diz que vai fazer!

Por que líderes falam muito e fazem tão pouco? O mundo parece estar cheio deles! Um artigo de capa da revista Fortune, intitulado "Por que os CEOs falham", chamou minha atenção em 1999, e suas lições permanecem comigo hoje. Mesmo com tantos anos, o texto ainda é notavelmente relevante. A falta de capacidade de executar uma estratégia ou um plano foi a principal razão declarada no artigo, e ainda hoje é verdade.

Quando falo com CEOs, CFOs, CMOs e COOs, posso identificar os que "realizam a diferença competitiva" (*Doers* ou aqueles que fazem) e os que se mantêm no discurso "aquilo que deveríamos fazer" (*Talkers* ou aqueles que falam) após algumas interações. É evidente que ainda temos um problema de cultura corporativa. Muitas promessas são feitas e as realizações não são suficientes.

Aqui vai uma dica: se você inconscientemente reconhecer — ou pior, promover — um *talker* em vez de um *doer* que sabe escutar, a equipe ao seu redor perceberá. Os membros passarão a lhe dar apenas as informações que você quer ouvir (e menos ideias novas), independentemente do que podem realmente entregar. Até que você use a *habilidade de realizar* como parte de seu sistema de desempenho, você estará suscetível às implicações dos *talkers*.

Os *doers* levam propósito e significado para o trabalho e são motivados a realizar e ver os resultados. Eu tenho testemunhado líderes em potencial se entusiasmarem com a criação de diferentes ideias e tomando providências onde ninguém mais ousa fazer. E nesses momentos críticos de sua carreira eles entram em seu verdadeiro potencial de liderança. É a convergência mágica do talento, do potencial e da paixão. Não a perca — e não deixe que outros a percam!

Não seja influenciado por bons números

O que quero dizer com *números*? Eles são a amálgama dos indicadores-chave de desempenho (KPIs) que você vê piscando em seu monitor. Não importa quão positiva seja a sua tendência, ou o quanto parece que estão superando as expectativas, é perigoso olhar apenas para o painel. Pense duas vezes sobre a noção de que receita, renda líquida, margens, fluxo de caixa ou mesmo preço das ações têm efeitos transformadores no mundo.

Seu negócio está crescendo devido à demanda do cliente/mercado, valor agregado e vantagem competitiva? Ou está crescendo a partir da pressão sobre a força de vendas, descontos e pacotes de negócios? Saber que seus produtos e soluções estão ajudando seus clientes a viver, comer, brincar, se sentir ou realizar os negócios da melhor forma não deveria ser um modelo mais gratificante (e sustentável) de negócio para você? Você não deveria encontrar valor em um processo de serviço mais eficiente porque serve melhor ao cliente — não só porque reduz os custos? O que o motiva, o que o impulsiona e o que o faz sair da cama? Se são os números, verifique sua postura. Pondere sobre o que está acontecendo por trás desses números.

Um novo caminho para o futuro

Há pouco, eu disse algo sobre como seu *eu futuro* se conecta com o que o motivou no início de sua carreira. A frase "o bom senso não é tão comum" se aplica muito bem tanto nas salas de reuniões quanto na sala de estar da família.

Por que isso acontece? Como nos esquecemos como avaliar situações com uma combinação prática de intuição e conhecimento? Qual treinamento que recebemos desativou esta parte de nosso cérebro? Como perdemos a noção da pura diversão de ajudar os outros a fazer a diferença com os clientes?

Se você já leu até aqui, talvez esteja interessado em fazer algo diferente, em escolher um caminho diferente. Você sabe o que vem a seguir! É hora de dar uma olhada ao redor e entender o que você faz todos os dias que faz a diferença. Por que não obter o melhor possível dos próximos anos? Aproveite a chance de tornar o seu *eu do futuro* um líder melhor; a *empresa do futuro* uma empresa melhor; de fazer com que a sua organização atraia e retenha mais marcadores de diferença... e que a próxima geração de seus líderes continue com esses valores, traduzindo o *eu do futuro* na cultura competitiva da organização.

Portanto, o que é mais arriscado, um ataque agressivo ao mercado ou um foco apaixonado no financeiro? Você está certo, deve fazer as duas coisas. Você deve andar e mascar chiclete ao mesmo tempo!

Um dos meus líderes favoritos, o presidente de uma empresa de ponta de 7.500 pessoas, diz o seguinte: "Cheguei a esta posição por ser o melhor solucionador de problemas, implementador e conquistador de objetivos.

Agora eu também devo me concentrar no futuro do negócio e levar os outros a se concentrarem nessas mesmas habilidades e dar uma forte atenção aos mercados, à concorrência e aos clientes".

Agora que pensou melhor sobre isso, você provavelmente está lembrando muitos desses fundamentos comerciais de bom senso — e talvez não precise "beijar a fera".

Comece agora

Aprenda mais uma vez a sentir a angústia quando os clientes ficam decepcionados e desapontados. Encare isso de forma pessoal; perca o sono por causa disso. Ajude os outros a sentirem a decepção. Procure pessoas competitivas e apaixonadas. Conecte-se a elas. Crie um novo padrão para ação. Faça novamente, encontre mais e crie um movimento.

1. Pergunte a vários líderes em sua organização como eles medem o alto desempenho.
2. Rastreie quantos mencionam ou omitem...
   a. o sucesso do cliente; a conexão com clientes de clientes
   b. o impacto no mercado; os ganhos com ações
   c. a euforia do fornecedor
   d. a euforia dos funcionários
3. Planeje e execute as mudanças necessárias.

Cenário da vida real para o próximo capítulo

Tom e Roy estavam refletindo sobre sua longa relação comercial e de amizade — altos e baixos, sucessos e tropeços — e o que fez a diferença para todos os seus associados, independentemente das circunstâncias.

— Todos sabem algo que nós não sabemos. — Tom lembrou a Roy. — Todos têm um conhecimento, uma experiência, uma sabedoria e uma percepção. Lembre-se: K-E-W-I.[*]

— Nós nos esforçamos para descobrir isso e direcioná-lo para impactar positivamente os clientes e os mercados — respondeu Roy —, e nunca falhou em motivar nossas equipes.

Amanda estava ouvindo e pensando nos próximos passos de sua carreira. Como seriam as coisas? Outras pessoas em outros lugares acreditariam que é importante que todos tenham voz, que participem de inovações para os clientes, que sejam ajudados ao longo do caminho de uma vida de trabalho emocionante e gratificante... para fazer a diferença? Eu poderia ser fundamental na promoção desse ambiente? Quero ser essa força na vida das pessoas, focalizando a emoção nas organizações. Será que posso proporcionar abertura a novas ideias, levar a escuta aos associados e tomar medidas oportunas para transformar o trabalho e as experiências dos clientes em outra organização?

Amanda perguntou a Roy e Tom se ela poderia ligar para eles de vez em quando para obter uma injeção de bom senso em sua forma de liderar sempre que precisasse.

— Claro — responderam eles. — Mas você já sabe como fazer... continue mostrando aos outros, e divirta-se fazendo isso!

— Certo, farei isso.

---

*. Acrônimo de knowledge, experience, wisdom e insight

CAPÍTULO 3

Promover a relevância

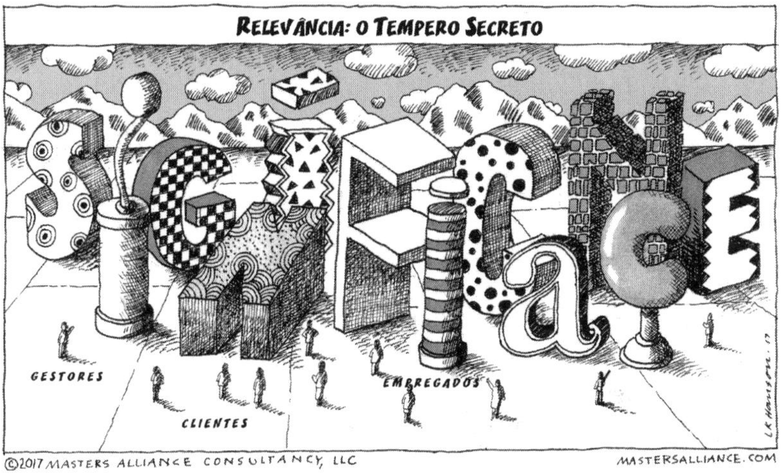

* Na imagem, está desenhada a palavra *Significance* **(Relevância)**

UM INGREDIENTE ESSENCIAL PARA O SUCESSO SUSTENTÁVEL

Quero dar a você, líder corajoso, um presente! É um presente que você pode passar para sua equipe e funcionários e não custa praticamente nada. É uma **nova maneira de pensar sobre o trabalho** — como você se sente sobre ele, como o encara e como faz decisões em nome de seus clientes. É uma coisa intangível, mas isso nos impulsiona. A necessidade de sentir que estamos fazendo a diferença é o motivador principal para todos nós. Ela nos coloca em movimento pela manhã, nos leva a procurar diferentes caminhos e incentiva nossa procura por lugares melhores para impactarmos. A relevância é o ingrediente secreto para a inovação, a excelência e a realização pessoal que quero dar a você.

Como isso se relaciona ao seu negócio? Como líder, você sabe que seu trabalho é ajudar sua equipe a ter sucesso, o que impulsiona o sucesso geral de sua organização. Mas, se você olhar além disso, verá que também tem o papel de ajudar os membros da equipe a impactarem de forma significativa seus colegas de trabalho, empresa e clientes. Ao conversar com muitos gerentes de nível médio nas organizações em que minha empresa tem trabalhado, há um fio condutor: "Eu só preciso que você me dê uma oportunidade de fazer um bom trabalho e fazer a diferença... impactar de verdade nossos mercados e nossos clientes". É simples assim. Nós nos referimos a isto como "algo sendo preparado" — começando a entrar em ação. Fazer uma diferença significativa é o propósito. **E, surpresa!** A transformação com os clientes está intimamente ligada à relevância pessoal e de equipe!

A relevância tem a ver com o ser, não o conquistar

Sejamos claros: a relevância não pode e não deve ser definida como "melhorar o preço das ações" ou "minimizar as perdas". Ela não pode ser sobre uma métrica de eficiência ou mesmo a pontuação na pesquisa de atendimento ao cliente. Não é nada que possa ser capturado em uma pontuação ou relatório de desempenho. É mais fundamental, mais humano, do que isso. É como nós tratamos uns aos outros, como valorizamos o trabalho dos outros, como desencadeamos nosso potencial.

É sobre a emoção de ir atrás de algo... e da diversão pura da realização por meio de um trabalho significativo.

Não se trata de um desejo de recompensa e reconhecimento. Sem entender por nós mesmos que somos relevantes ou sem sermos vistos como relevantes por outros, vemos o reconhecimento, frequentemente, como janela curativa ou pior, apenas uma aparência! Na verdade, temos provas que nos permitem fazer a ousada declaração de que as **pessoas trabalharão com maior afinco para o cliente do que para o chefe!**

Não é uma coisa egoísta

A relevância não é apenas uma questão pessoal ou uma tendência millennial. Estou falando de **funcionários que querem ver uma conexão direta entre o trabalho que fazem todos os dias, o sucesso e o impacto da empresa sobre os clientes, o mercado e a comunidade**. Sua equipe quer saber que o tempo que investiram em reuniões aparentemente infinitas vai ser importante para alguém. Eles querem saber que o relatório que demorou horas extras para ser produzido vai ser realmente usado por alguém; ou que a apresentação do projeto que estão criando não será arquivada depois de ter sido enviada. Eles não querem apenas chegar e bater o ponto para trabalhar; eles escolheram fazer parte da organização e só se empenharão verdadeiramente se seus talentos estiverem sendo utilizados e seus esforços forem importantes. Eles querem ser criativos e inovadores — para surpreender você e outras pessoas com a diferença que podem fazer.

A conexão para o engajamento

Em 2017, uma pesquisa internacional da Gallup mostrou que apenas cerca de 32 por cento dos funcionários dos EUA relatam estar engajados (envolvidos, entusiasmados e comprometidos) com seu trabalho.

Pode ser que você esteja pensando: "Conheço várias pessoas que parecem não se importar... por que deveria pensar que o propósito seria importante para elas?". **Outra surpresa!** Quando falamos com os clientes, desde os executivos até os trabalhadores, descobrimos suas paixões — sua relevância fora do trabalho. Quando nos aprofundamos, descobrimos que todos estão ligados a alguma atividade significativa que faz a diferença de alguma forma! É o que nos move, seja para dentro ou para fora do escritório. Estes encontros são frequentemente surpreendentes, com algumas das conexões mais improváveis. Algumas pessoas que você nunca imaginaria estão em uma banda de jazz, outras em uma diretoria de programa esportivo, outros pesquisam antiguidades... de pouquinho em pouquinho encontramos mais histórias. Então, essas pessoas realmente se preocupam com algumas coisas!

Mas, no trabalho, mais do que nunca, ouvimos tantos dizendo que o que fazem, contribuem e realizam não faz diferença. Eles sentem que têm mais a oferecer ao mundo e eventualmente começam a procurar por uma situação relevante, recompensadora e gratificante. Você provavelmente já ouviu ecos desse discurso nas pesquisas de satisfação dos funcionários ou em entrevistas de desligamento quando bons funcionários partem porque não sentem a conexão. Lembre-se: os melhores são geralmente os primeiros a irem embora... porque eles podem.

Você pode ter relevado isso como falta de engajamento ou compromisso, como funcionários "desinformados sobre o mundo real", ou atribuiu isso a um direito da força de trabalho qualificada. Mas o problema é real, e tem custos reais. Em 2016, Robert Hall pesquisou o empenho de mais de doze mil profissionais, e a mensagem foi muito clara: fazer a diferença é importante para todos. Independentemente de idade, gênero ou indústria — das finanças à tecnologia — realizar coisas com propósito, ser valorizado e respeitado por isso é muito importante. Então, você quer viabilizar a motivação e o desejo no trabalho... ou só quer reclamar sobre a ausência dos empregados?

Relevância — o caminho para o sucesso

Norma, Ray e Leroy trabalhavam em uma grande instituição de saúde em uma cidade da Costa Leste. A instituição servia como um hospital-escola e centro de trauma regional e eles tinham muito orgulho de fazerem parte de sua história..., mas, desde o início, ninguém estava ouvindo. Norma era a supervisora de limpeza do terceiro turno. Ray fazia a ponte entre a enfermagem e a farmácia. Leroy era o chefe dos veículos de emergência. A comunidade, incluindo os residentes do condado, estava muito insatisfeita, até mesmo zangada, com os níveis do serviço hospitalar. A reputação institucional era fraca e a imagem inaceitável. Haviam tentado vários esforços de melhoria no passado, mas com poucos resultados. Foi necessária uma ação urgente.

Marc, o novo CEO, contratou nossa firma para ajudar e nós começamos a jornada. Não evitamos nenhum problema. Reconhecemos os antagonistas e seu direito de discordar usado o lema "é assim que as coisas são". Nós visitamos todas as áreas e constituintes, escutamos, tivemos empatia e nos lembramos. Mais importante ainda, notamos várias causas profundas da frustração e do mal-estar. Principalmente, o foco em voga era restrito. Estava apenas em melhorar, trabalhar mais para ser excelente e lidar com os problemas com mais rapidez. A atenção não estava nos pacientes; nem estava na vasta gama de clientes internos dos quais a organização dependia.

O mantra era sobre a perfeição operacional — não sobre a intimidade paciente/cliente e a *relevância* (e satisfação pessoal) de alcançar resultados de sucesso para o bem-estar e a saúde de todos os envolvidos. Era como se o lado corporativo desta organização de cuidados de saúde tivesse esquecido que a palavra "cuidado" estava no nome da empresa.

De volta a Norma, Ray e Leroy... os protagonistas da história. Eles se voluntariaram para fazer parte da equipe central de serviço de atendimento interno ao cliente e recrutaram outros para participar. Abraçaram a oportunidade de serem relevantes e estavam à altura da tarefa. Eles encabeçaram os padrões de serviços de impacto ao cliente e envolveram outras pessoas na colaboração de seu desenvolvimento, lapidação e implementação.

O resultado? Em menos de um ano, a relevância tornou-se abundante na organização; pacientes e famílias notaram mudanças significativas; e a opinião da comunidade sobre "o hospital" mudou. Essa foi uma de nossas tarefas mais difíceis, mas também uma das mais memoráveis! Juntos, não apenas trouxemos a importância do atendimento ao paciente, mas também melhoramos a eficácia. Novos padrões internos de atendimento ao cliente entre a farmácia e os enfermeiros coordenadores permitiu que a farmácia realocasse dois membros — em vez de contratar três novos funcionários.

Entregar valor aos clientes

Ah, mais uma coisa, se você está pensado que isso é apenas sobre seus funcionários, tente outra vez.

Descobri que o topo da hierarquia é igualmente vulnerável à angústia do trabalho de transformação de mercado com falta de relevância!

Se você entende que é possível entregar melhor valor para os clientes por meio de uma força de trabalho engajada, então sabe que investir em esforços para aumentar a relevância produzirá resultados tangíveis. Como você começa?

1. Obtenha todos os "dados" que puder. **Crie uma nova visão de compromisso** para sua organização.

2. **Comece por você mesmo**. Você sente que seu trabalho lhe permite fazer algo importante — não apenas para a organização, mas também para os clientes, a comunidade e a área de influência?

3. Estabeleça um **diálogo com os membros** de toda a organização — pergunte-lhes qual o significado da palavra "relevância" para eles. Pergunte-lhes como expressariam trabalhar para beneficiar clientes, impactar mercados e assim por diante. Faça sua estratégia ganhar vida... e viver nos corações e nas mentes das pessoas.

4. Olhe para **o plano estratégico do próximo ano** através de novas lentes — pergunte-se: "Isso permitirá que minha equipe sinta que está embarcando em algo verdadeiramente significativo? É provável que esses esforços estratégicos farão a diferença junto aos clientes, aos fornecedores e aos parceiros? Eles terão relevância no mercado?" Pense em maneiras de ajustar o plano para que sua resposta seja "sim".

FAÇA A DIFERENÇA, CRIE UM MOVIMENTO

Cenário da vida real para o próximo capítulo

— Algumas vezes você fica entediado no trabalho ainda que estejamos tão ocupados que não podemos ir ao pub para almoçar? — perguntou Michelle a Charlie.

— Acho que sim..., mas, até você perguntar, não sabia por que estava me sentindo decepcionado com o trabalho. Apesar das conquistas e do reconhecimento, há pouca euforia. E definitivamente nenhuma energia divertida.

— É disso que estou falando, Charlie. Nunca corremos o risco de fazer algo significativo ou novo, e não me lembro qual foi a última vez que acordei cedo por estar ansiosa. Você se lembra?

— Na verdade, não.

— Você se lembra da Audrey?

— Sim.

— Bem, ela está muito entusiasmada com sua nova empresa — eles têm objetivos ótimos de fazer a diferença e estão realizando várias coisas inspiradoras para que isso aconteça. Ela disse que é tão agitado que alguns membros da equipe partiram para um ambiente menos criativo e, como outros ficaram sabendo, estão se candidatando para o emprego. Disse que deveríamos tentar.

— Talvez pudéssemos nos divertir da mesma forma trabalhando para criar energia aqui. Lembra-se do feedback do cliente que recebemos na última viagem? Há muitas oportunidades interessantes para fazer a diferença com esses clientes e no mercado. Sabemos que isso é divertido, então vamos descobrir como começar! — sugeriu Charlie.

— Estou pronta — disse Michelle.

CAPÍTULO 4

Seja ousado

 MASTERSALLIANCE.COM

* Na imagem, está desenhada a palavra *Edgy-ness* **(Ousadia)**

OUSE: QUANDO ESTIVER NA CORDA BAMBA, CHEGANDO AO LIMITE OU NA EMINÊNCIA DE ALGO

As evidências são claras. Algumas pequenas reordenações de tempo e prioridades — e uma atitude diferente — têm um alto nível de retorno pessoal e organizacional. O resultado é ótimo, gratificante e energizante. Qual é esse segredo simples? Uma palavra que está na minha cabeça há um ano, e para a qual continuo voltando em quase todos os aspectos do trabalho que fazemos no Masters Alliance. É comprovada pela minha experiência de trabalho com 2.200 CEOs, presidentes, gerentes de unidade de negócios (e seus subordinados diretos) e muito mais.

Os negócios ao redor do mundo cresceram a partir da única semente de uma ideia que foi desenvolvida, testada, ajustada, testada novamente e implementada com a missão de mudar positivamente a forma como trabalhamos, agimos ou vivemos — seja por meio de uma inovação tecnológica, avanços médicos revolucionários ou simplesmente uma forma de pensar revolucionária. É um processo emocionante e que motiva os líderes a se esforçarem, procurarem por mais e investirem recursos no desconhecido.

O segredo? **Ousadia comercial.** *Ouse* quando estiver na corda bamba, chegando ao limite ou na eminência de algo — como um movimento de energia, o surgimento de entusiasmo e de algo sendo preparado no negócio. Descobrir maneiras criativas de servir ao cliente, ser aventureiro na estratégia de negócios e motivado a experimentar no desconhecido. *Disruptor, líder e ousado* são palavras modernas que têm sido usadas para descrever um dos princípios fundamentais dos negócios: uma curiosidade apaixonada por descobrir novas oportunidades e capitalizá-las.

O que na verdade é a ousadia?

A *ousadia* sobre a qual estou falando é se planejar para o novo, o desconhecido e o arriscado; é surpreendente, são aplicações únicas e relances do óbvio; é o que faz o coração de seus funcionários bater mais rápido, o que faz com que cheguem mais cedo ao escritório e fiquem até tarde sem nem mesmo perceberem que o tempo está passando. Estou falando sobre algo que surpreende seus clientes com deleite e os faz ansiar pelo que vem a seguir. Quando você é ousado, seus fornecedores e parceiros trabalham juntos com curiosidade e admiração. *Ousar* significa pensar e fazer diferente — interna e externamente — para fazer a diferença na forma como nós e nossos clientes negociamos.

Ousar significa estarmos na ponta de nossas cadeiras, esperando pelo que vai acontecer a seguir, não com medo, mas em antecipação; termos uma atitude experimental de aprender-mudar-recuperar-e-fazer, e, mais importante ainda, um plano para quando isso for ainda melhor do que nossos maiores sonhos. Veja alguns exemplos de ousadias de clientes: pilotar um novo canal de distribuição catorze vezes mais rápido do que já foi; reduzir o número de vítimas em oitenta por cento em noventa dias; e alcançar resultados estratégicos perfeitos em seis meses após anos de tentativas fracassadas.

Isso soa estimulante ou como um sonho impossível? Esse tipo de energia e entusiasmo é o oposto de como você se sente neste momento? Talvez você esteja naquela época do ano em que deu tudo o que tinha para que os resultados do último trimestre fossem os melhores possíveis e, francamente, está cansado. Talvez você esteja até sentindo-se cansado e sobrecarregado de trabalho. Parece que ousar é o que deve ser feito..., mas também parece um grande esforço e suas reservas de energia estão drenadas. Talvez o Ano Novo já esteja chegando e lembrando de seu lema já conhecido: "O que você tem feito por mim ultimamente?". Continue lendo — vamos resolver isso.

Será que perdemos a ousadia?

Por que *ousar* está na minha cabeça há tanto tempo? Porque parece que perdemos isso, que nos afastamos da ousadia de diversas formas. Quando falamos em "vencer", pensamos em ser ousado, mas eis o seguinte, vencer nem sempre é ousado. Não importa a competição, há sempre um vencedor.

Você consegue se lembrar da última vez que outras pessoas ficaram sem palavras ao ouvirem as novidades que sua organização estava planejando implementar? Ainda pode sentir a emoção de lançar um produto ou serviço ultrassecreto no mercado, um produto tão revolucionário que deixou seus acionistas e clientes surpreendidos? O que aconteceu com fazer parte da Nova Era da Descoberta? Ao falar com líderes de um conjunto diversificado de indústrias, notei um padrão: temos medo irracional do fracasso. Perdemos nosso desejo de nos arriscar. A segurança está acima da invenção e da exploração.

A ousadia não é um contra-ataque à gestão de risco eficaz; pelo contrário, ela inclui uma visão realista do risco/recompensa do que será perdido com tão poucas tentativas! Ter a posse da bola não significa fazer gol!

O *status quo* é inimigo da transformação

Você já começou a listar os motivos pelos quais ousar não daria certo. Isso pode incluir coisas como "já fizemos isso", "nunca conseguiríamos a permissão" ou "nossos concorrentes já tentaram e falharam".

A lista pode ser muito longa. Mas, se você realmente olhar para ela, pode ver que os itens são um mero reflexo de seus medos — de falhar, de responsabilidade, de mudança... e assim por diante. Mas este é o caminho para a saída: é possível que, na verdade, você esteja com medo de ter sucesso? O que isso significa? Os ritmos previsíveis de sucesso e crescimento, com os quais você já está acostumado, o mantêm em um estado constante. Se você assumir um risco e realmente for bem-sucedido, então o mundo que conhece mudará rapidamente. Com o sucesso vêm novas expectativas, novas exigências e novas atividades. Como sei disso? Porque eu já experimentei e vi esses medos no trabalho! E tenho visto a alegria que é superar estes receios de fazer a diferença.

E se outras pessoas falharam? Será que elas erraram o alvo da ideia, falharam na execução ou desistiram cedo demais? Em nossa experiência, a verdadeira decepção está diretamente relacionada a (1) uma falha em realmente se colocar no lugar dos clientes e entender suas dificuldades ou complexidades e (2) uma falha na implementação de estratégias em um tempo oportuno.

A ousadia tem muitas dimensões

A compra do *Washington Post* por Jeff Bezos para ter uma presença na sede do governo, conseguindo para a Amazon uma influência implícita que faltava à Microsoft na época, foi um movimento agressivo considerado anticompetitivo.

A ousadia ocorre quando um cliente abraça amplamente o nosso princípio de "meia-vida dobrada": diminuir o tempo para o sucesso pela metade e depois diminuí-lo pela metade novamente!

Para um cliente, isso significou dobrar a velocidade e a eficácia na fabricação de equipamentos. Uma de suas três equipes, todas engajadas em um esforço de 45 dias, foi desafiada a manter a fabricação de grandes equipamentos de produção de fibra de carbono nos Estados Unidos e não na Ásia. Nosso foco era conseguir o dobro do rendimento e da eficiência pela metade do tamanho, peso e custo do equipamento. Esta meta ousada envolveu vários outros participantes, incluindo engenheiros que vivem para desafios e amam ser ousados. O resultado? Em 45 dias, um novo design efetivo foi alcançado... e a fabricação foi mantida nos Estados Unidos (com vantagens competitivas um tanto inesperadas)!

Curiosamente, muitas vezes desmerecemos inovações ousadas de empresas que percebem como funcionamos, trabalhamos e vivemos. Alguns exemplos históricos de "necessidade desconhecida" são: fraldas descartáveis, fornos micro-ondas, gravadores de vídeo digital, GPS, pen drives e avatares.

O que você ganha com isso?

Quando você já viveu por um fio, conhece o furor, o entusiasmo e a gratificação de competir vigorosamente no mercado. Também conhece as estatísticas e já sofreu algumas decepções. Mas, se *não* experimentou essa energia competitiva em sua organização — ou *não* consegue lembrar a verdadeira alegria de fazer a diferença com seus clientes — então vamos olhar seriamente para quem é você... e quem você quer ser.

Ao assumir que você prefere estar engajado a cansado, você tem tudo a ganhar ao se aproximar do seu limite:

- Uma força de trabalho com melhorias drásticas, conectada e engajada.
- Funcionários que se divertem mais, fazem a diferença para clientes e obtêm melhores resultados comerciais.
- Aumento dos índices de fidelidade à medida que os clientes querem ver o que está por vir.
- O tempo e o talento para dar o tom no mercado — para tomar decisões assertivas sobre o que se quer liderar ou acompanhar as inovações de mercado o mais rápido possível.

Quanto mais próxima do limite estiver a organização, mais resiliente ela se tornará! O medo de falhar se transforma em energia para solucionar problemas mais difíceis e criar oportunidades. A mentalidade de toda a organização começa a ser transformada (e muito mais rapidamente do que dizem por aí). É uma nova maneira de fazer negócios, e é atraente para os melhores talentos que você está, há anos, tentando recrutar — aqueles que fazem a diferença. Não seria esse o tipo de ímpeto que você gostaria de descrever para seu conselho administrativo na próxima reunião?

Ainda vendo barreiras?

Sente-se imobilizado? A concorrência intensa e o crescimento lento estão entorpecendo sua criatividade? Gostaria de sugerir uma saída. Talvez uma boa sessão com seus clientes (e os clientes de seus clientes) pode ajudar você a ver a realidade da situação e ajudá-lo a se abrir às oportunidades ocultas! Na economia expansiva, mas altamente competitiva dos dias atuais, isto significa fazer um balanço do que precisa ser ajustado. Vá fundo, pense, explore e vá além das necessidades do cliente — ajude seus clientes a se tornarem mais competitivos auxiliando-os a terem produtos/serviços incríveis para oferecer aos próprios clientes. Aventure-se no campo e veja de que seus clientes realmente precisam ou podem precisar no futuro. Depois, antecipe-se para explorar essas oportunidades.

Uma confirmação... OUSADIA NO TRABALHO é sempre uma tendência, sempre necessária

As empresas que gastaram recursos consideráveis, tempo, talento e capital para alcançar o topo de sua indústria, às vezes podem facilmente ficar confortáveis após celebrarem grandes vitórias, substituindo a ousadia. A fome de vencer foi saciada e a equipe quer um tempo para descansar e um motivo para recuperar o foco depois de uma batalha árdua para conquistar a liderança. E, ainda assim, não é hora de descansar sobre seus louros. É hora de chegar ainda mais perto do limite. É sempre tempo para que as empresas de sucesso se tornem ainda mais bem-sucedidas.

Comece pensando em ser *ousado...* o que isso significa para você, sua organização e sua equipe? Brinque com a ideia, experimente. Considere estas questões e passos.

Responda algumas perguntas no início de cada dia [seis minutos no máximo]:

- O que me animaria no trabalho hoje?
- O que animaria minha equipe/organização hoje?
- O que animaria meus clientes hoje?
- O que poderia ser preocupante para meus clientes hoje... externa e internamente?

- Como podemos ser mais ousados hoje?
- Qual pequeno passo darei hoje para ser mais ousado?

Expandindo a influência:

- Acompanhe suas respostas diárias; observe os resultados/ tendências.
- Passe a experiência para a sua equipe e subordinados diretos.
- Peça-lhes que sigam o mesmo processo — compare observações.
- Faça da ousadia um tópico permanente em suas reuniões de equipe.

Ajude outras pessoas a verem a responsabilidade delas na ousadia, pois ela não vem exclusivamente do grupo de inovação ou mesmo do processo de inovação, mas de dentro — daqueles funcionários que estão mais próximos do cliente e mal podem esperar para resolver os problemas deles com algumas soluções simplesmente inesperadas. Existem oportunidades escondidas em sua organização que só precisam de alguém que acredite nelas para verem a luz do dia. Imagine todo o potencial não incentivado, não descoberto e inexplorado guardado na organização. Tudo o que você tem que fazer é criar um caminho sem barreiras para ajudar a trazê-lo para a luz!

Cenário da vida real para o próximo capítulo

— Angelina, como foi seu dia? — perguntou a Brittany.

— Foi ótimo. Nos divertimos muito... vários clientes estavam chateados e conseguimos deixar cada um deles feliz! Um dia verdadeiramente notável... meus clientes realmente valorizam a ajuda. É incrível como eles respondem quando você enxerga para onde estão indo e pode antecipar a próxima necessidade deles.

— Parabéns! Esse serviço não é tão usual hoje em dia.

— Vamos celebrar hoje à noite. Que tal o Golden Nugget na esquina? Eles têm um atendimento ao cliente maravilhoso.

— Eu adoraria... mas meu chefe estava chateado com meu caso hoje, reclamando dos números baixos. Não importa o que façamos, parece sempre haver um problema... é um pouco desanimador. De qualquer forma, preciso refazer algumas planilhas hoje à noite para ver o que pode ser feito.

Angelina balançou a cabeça.

— Brittany, você precisa descobrir uma forma de se conectar com os clientes, mesmos os internos, de maneira diferente. Quando você faz algo especial por eles, a valorização é tão energizante!

— Seu supervisor deve gostar de clientes — disse Brittany rindo. — Como posso fazer com que meu supervisor entenda que preciso me conectar com os clientes?

CAPÍTULO 5

Trabalhe com mais afinco para os clientes!

TRABALHAR MAIS PARA OS CLIENTES
DO QUE PARA O CHEFE? SÉRIO?

E se eu lhe dissesse que talvez você esteja errado sobre a verdadeira conexão entre o engajamento dos funcionários e um bom serviço de atendimento ao cliente? Nem pensar? Considere esta ideia: sua equipe quer oferecer um ótimo atendimento ao cliente, mas você e seus líderes podem ser os que estão impedindo que isso aconteça. Além disso, há uma boa chance de que os **funcionários estejam mais motivados a trabalhar mais para os clientes**

do que a trabalhar mais para você!

Em caso de dúvida, continue lendo.

Funcionários felizes, clientes felizes

Primeiro, vamos concordar que existe uma gama de pesquisas que demonstram uma conexão entre funcionários engajados ou felizes e níveis melhores de atendimento ao cliente. Nós certamente sabemos que o inverso é verdade: funcionários infelizes podem destruir a lealdade de um cliente ao produto ou serviço em uma única conversa. A maioria das pesquisas disponíveis para nós como líderes empresariais ajuda a apoiar a seguinte hipótese:

1. Os funcionários engajados prestam um melhor serviço ao cliente.
2. Melhor atendimento ao cliente significa maior lealdade do cliente e mais vendas.
3. Portanto, o investimento da liderança na melhoria do engajamento dos funcionários leva a um melhor atendimento ao cliente, o que resulta em melhores vendas e resultados.

É um argumento justo — que foi endossado e incutido na cultura da empresa durante anos. Mas e se essa história não for verdadeira? E se estiver faltando algo nessa lógica?

Acredito piamente que fazer investimentos autênticos e expressivos aumenta o senso de propósito de um funcionário e, com isso, a realização no trabalho. No entanto, os investimentos tradicionais em treinamento, reconhecimento, recompensas e eventos especiais estão diminuindo, enquanto o trabalho diário do funcionário de melhorar a experiência do cliente é mais difícil do que tem que ser.

A realidade

Ainda não acredita nisso? Pense desta forma — se você perguntar a um funcionário voltado ao atendimento do cliente o que lhe dá energia, ou como é seu melhor dia, ele provavelmente responderá com uma experiência de cliente incrível em vez de uma interação com o supervisor. Se você fizer a mesma pergunta a um membro de equipe que não é voltado ao atendimento ao cliente, ele provavelmente falará sobre uma experiência positiva de cliente relatada a ele pelos colegas de atendimento.

Talvez a experiência positiva venha na forma de entregar uma solução inovadora para um problema único, entregar uma grande característica de valor agregado ou racionalizar um processo para melhorar a experiência do cliente. Talvez os funcionários tenham organizado o dia para atender um de seus clientes. Essas experiências melhoram o nível de entusiasmo com relação ao trabalho, à empresa e aos clientes. A verdade é que os colaboradores gostam mais de ter esses momentos de engajamento do que de obter a atenção de seu gerente ou líder. Em outras palavras, os **funcionários obtêm mais satisfação e trabalharão mais para os clientes do que para os gerentes.**

Outro ponto de vista: valorização

Considere o estado geral do atendimento ao cliente de hoje. Lembre-se dos raros casos em que o serviço que recebeu foi tão extraordinário que você (1) expressou grande gratidão pelo esforço e os resultados — agradecendo efusivamente, (2) imediatamente contou aos outros sobre a experiência, (3) elevou seus níveis de expectativa para o próximo prestador de serviços e (4) mal pôde esperar pela próxima interação pela qual poderia elogiar um servidor.

Agora considere os prestadores de serviços. Qual foi o impacto que a sua valorização teve sobre eles? Talvez tenha feito seu dia melhor, dado a eles a energia e feito com que o trabalho deles parecesse mais valioso. Talvez tenham se lembrado da interação quando chegaram em casa! No dia seguinte, suas expectativas de valorização foram aumentadas. Eles queriam ser mais valorizados, e perceberam que trabalham com afinco e seus patrões raramente valorizam alguém pelo esforço extra que faz com que os clientes estejam felizes.

As interações positivas com os clientes tornam-se gradualmente mais atraentes do que trabalhar mais para os patrões — apesar dos ocasionais clientes difíceis — porque as recompensas são muito mais significativas na vida dos funcionários.

Se você está familiarizado com a Gallup Inc. e seu trabalho, provavelmente conhece uma das perguntas do questionário Q12 de engajamento do funcionário, que é: "No trabalho, você tem a oportunidade de fazer o que faz melhor todos os dias?". Para os funcionários que interagem com clientes, colegas de trabalho e parceiros (a maioria), isso se traduz em fornecimento de atendimento ao cliente. As respostas favoráveis a esse item da pesquisa estão correlacionadas a um maior engajamento de funcionários. Você pode fazer a conexão entre a metodologia comprovada da Gallup e a premissa que estamos discutindo. **Funcionários trabalharão mais para o cliente do que para o chefe.**

O que você pode fazer

Pratique um exercício simples, mas revelador, com sua equipe de liderança: **em sua próxima reunião de liderança, avalie o nível de entendimento da equipe sobre o foco principal no cliente.**

Sem treinamento ou discussão, peça a todos que peguem uma folha de papel e listem individualmente os dez **melhores clientes ou grupo de clientes da organização.** Compare as respostas. Ainda não vimos concordância suficiente em nenhuma equipe. Quais são as implicações disso?

Em seguida, peça que sua equipe de liderança avalie honestamente como acham que a empresa está servindo aos clientes. Em outra folha de papel, peça a cada membro que escreva sua pontuação para a seguinte pergunta: em uma escala de um a dez (sendo um "ruim" e dez "excelente"), **como é nosso atendimento ao cliente?** Não lhes dê tempo para discutir, debater, ou refletir — você quer que reajam rapidamente. Então, assim como nas Olimpíadas, peça que levantem suas pontuações. Não são permitidas explicações ou qualificadores.

Peça a alguém para registrar a pontuação do grupo para que todos possam vê-la. Você se surpreendeu com a média? Ela reflete a métrica de lealdade do cliente, *Net promoter score* (NPS), ou o ranking de satisfação do cliente que você reporta ao conselho? Você acha que as pontuações representam a realidade?

Depois, sem debater os resultados, **peça que cada líder** classifique três declarações simples em uma escala de um a dez:

- Quão importante é nos esforçarmos para melhorar isto?
- Quão eficazmente estamos identificando e removendo as barreiras que nossos funcionários encontram nos esforços para oferecer um bom serviço aos clientes?
- Quanto estou disposto a, pessoalmente, fazer mudanças para melhorar isso?

Mais uma vez, faça com que todos vejam as pontuações. Este exercício ajuda você a ver que tipo de alinhamento existe em sua equipe. Ele identificará ainda mais onde estão suas deficiências e sugerirá quanta energia precisa ser gasta para remover barreiras para bom serviço.

Agora discuta:

- Que mudanças precisam ser feitas.
- Quais mudanças são mais urgentes e quais terão o maior impacto.
- Que barreiras nos impedem de fazer essas mudanças.
- E como nós, enquanto líderes, podemos remover rapidamente essas barreiras.

Depois que você discutiu a situação e identificou ações/barreiras, como pode capitalizar com esse conhecimento? Sua principal responsabilidade como líder é remover barreiras (percebidas e reais) para que sua equipe preste um ótimo serviço. Veja algumas dicas de nosso trabalho que proporcionou resultados concretos para nossos clientes:

1. **Inicie conversas com funcionários voltados ao atendimento ao cliente e prepare-se para ouvir.**

Não estamos falando de encomendar uma pesquisa ou terceirizar um grupo focal. Em vez disso, levante-se de sua confortável cadeira, saia de seu escritório e vá falar com os funcionários! Lembre-se do método MBWA de Tom Peters. Quando trabalhamos com clientes, pedimos a eles que olhem com seriedade a forma como seus líderes (incluindo os que estão no topo) interagem com os funcionários.

Considere seu próprio estilo de gestão. Você tem o hábito de passear pelo andar de vendas e pela área de produção ou fica em seu andar executivo? Você almoça na lanchonete ou almoça fora? Você "faz uma visita marcada" ou tem interações autênticas? Você pergunta: "Como está indo?" ou "Você pode me dizer mais sobre seu cliente e as necessidades dele?". Quando funcionários falam, você está realmente ouvindo?

É fácil de fazer — você só precisa encontrar um pequeno grupo de funcionários e começar a conversar! Veja algumas boas questões para manter uma conversa:

- Conte-me sobre a melhor interação com o cliente que você teve esta semana.

- Conte-me sobre sua pior interação com o cliente. O que o impediu de fazer aquele cliente verdadeiramente feliz?

- Se você pudesse mudar uma coisa em nossas políticas que impacta a forma como atendemos os clientes, o que seria?

- O que tornaria seu trabalho aqui mais significativo?

Ou improvise em sua conversa. O que você escolher precisa permitir que você vá além de seu típico padrão de aparecer-e-sorrir (embora isso também seja importante). Se você ouvir com o coração e a mente abertos, vai ver que as recompensas serão vastas. Na verdade, se você mantiver esse canal de comunicação aberto, começará a ouvir tendências que traduzem as oportunidades reais — sob a forma de vendas, economia de custos, impacto nos resultados e maneiras de impactar positivamente os clientes!

2. Dedique tempo, energia e recursos para remover barreiras que impedem a equipe de trabalhar da melhor forma todos os dias.

Agora que você tem o dom de medir a realidade de sua equipe de liderança e funcionários, você deve agir de acordo com o que aprendeu. Se simplesmente reconhecer que tem esses dados e não fizer nada com eles, você será acusado de falar "da boca pra fora" e perderá mais terreno em engajamento. Sua equipe confiou em você com a honestidade deles; não desperdice isso!

Como você faz isso valer a pena? Não atribua isso a outra pessoa ou nomeie um “Czar da remoção de barreiras”. Mantenha esse tópico e o esforço vivos, incluindo-os na agenda das reuniões da equipe. Recompense e reconheça os membros que tomam medidas para remover barreiras e conte suas histórias aos stakeholders. Patrocine pessoalmente e permaneça envolvido com uma equipe independente para implementar as ideias com maior impacto e remover as barreiras encontradas. Esteja disposto a impulsionar a tomada de decisões na organização para que aqueles que estão mais próximos do cliente possam fornecer um ótimo serviço. Confie em seu pessoal da linha de frente para tomar decisões quando forem confrontados com problemas que necessitem de soluções criativas. Prometo que não o decepcionarão!

Qual é o resultado?

Você começará a ver funcionários mais felizes, mais realizados — não porque comprou o almoço para a equipe, deu-lhes xícaras de café com a marca da empresa, organizou um momento de *team building* ou mesmo lhes deu de presente um dia extra de férias. E sim porque você removeu as barreiras para que eles possam fazer o melhor trabalho possível. **Você** saiu do caminho para a excelência **deles**!

Se ainda pensa que é impossível conectar a maioria do trabalho aos clientes, vamos dar uma olhada mais de perto. Christian, um cliente CEO de uma grande empresa internacional de software, desafiou a Masters Alliance a conectar o time de contas a pagar da empresa aos clientes. Então... em uma das fases seguintes das equipes “Fast TrackSM” da empresa, nomeamos uma equipe como “contas a pagar para benefícios do cliente”. A equipe foi configurada com pessoas de contas a pagar e funcionários voltados ao atendimento do cliente. Este foco exigiu que a equipe se dedicasse a todos os segmentos de clientes. A fim de conectar o setor, eles precisavam entender o cliente (não apenas as diretrizes de negócio do CFO para maximizar o fluxo de caixa).

A descoberta: tornou-se óbvio para os participantes da equipe de contas a pagar que melhorar o desempenho do fornecedor teria um impacto sobre a capacidade da empresa de oferecer vantagens competitivas na experiência do cliente. Considerando as condições econômicas na época, a equipe de contas a pagar determinou que o fluxo de caixa era mais importante para os fornecedores do que para a própria empresa — e que padrões superiores de fornecedores poderiam ser obtidos com o incentivo de pagamentos de faturas antecipadas.

Funcionou! Eles transformaram o processo de contas a pagar para que fornecedores fizessem melhorias de desempenho ao pagar suas faturas dentro de 24 horas por meio de transferências eletrônicas. Resumindo... eles ultrapassaram a concorrência em vários padrões de atendimento ao cliente! E isso foi muito bom para a gente — fomos pagos dentro de 24 horas. Isso que chamo de situação ganha-ganha .

Cenário da vida real para o próximo capítulo

Connor e Shannon estavam tendo uma ótima discussão no almoço quando foram interrompidos por uma pergunta:

— Vocês dois trabalham na concessionária onde comprei meu novo caminhão, certo?

— Bem, talvez. Em qual comprou?— respondeu Shannon surpreendida.

— Aquele na esquina da Fourth com a Grand.

— Ah, sim, trabalhamos. Obrigada por sua compra!

— De nada, mas há problemas de atendimento ao cliente. Tentar marcar uma hora ou conseguir a atenção de alguém é bem complicado... é difícil até mesmo fazer uma pergunta simples. Seu sistema é uma bagunça. Eu quero falar com um superior!

— Por favor, nos dê suas informações e nós entraremos em contato. Queremos consertar isso. — Shannon lhe passou um pedaço de papel.

— Tá bom... mas provavelmente não servirá de nada.

Connor se voltou para Shannon em frustração.

— Estamos ouvindo isso há um mês e isso precisa ser corrigido. Os clientes estão ficando cada vez mais irritados em todas as nossas concessionárias e não conseguimos informar a organização que isso está se tornando crítico. Estamos só apagando incêndios para manter nossos clientes... nem eu compraria conosco atualmente. Eu não suporto quando decepcionamos as pessoas.

— Vamos fazer algo, então — disse Shannon. — Vamos descobrir se o CEO vai realmente se envolver, conversar com o cliente e fazer algo para consertar isto.

— Bem, se isso não funcionar, não tenho certeza se este é o lugar para mim...

CAPÍTULO 6

Reinvente-se para os clientes!

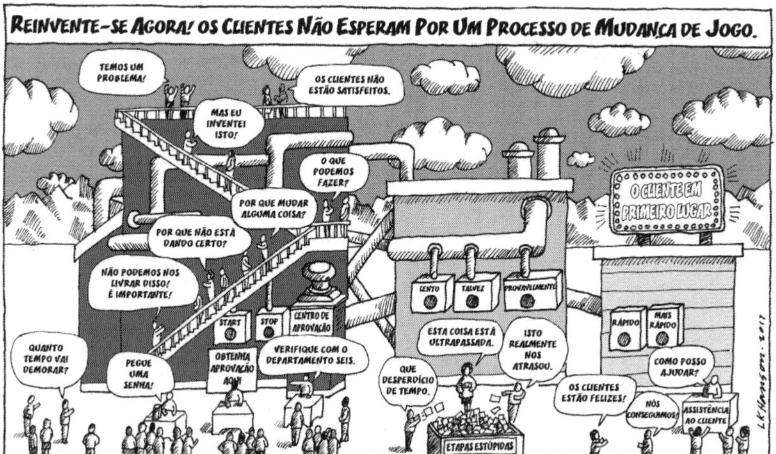

 MASTERSALLIANCE.COM

VOCÊ SE IMPORTA COM AS COISAS QUE PERTURBAM OS CLIENTES? (ONDE AS PAIXÕES FLORESCEM, AS SOLUÇÕES APARECEM)

Aconteceu novamente. Você recebeu um relatório da equipe de atendimento ao cliente: um titular de uma conta importante quer "falar com quem manda por aqui". Após a leitura da reclamação e da resposta da equipe, você pode ver por que o cliente está chateado... e, além disso, não é a primeira vez que ouve essa reclamação.

Alguns membros de sua equipe de liderança murmuraram superficialmente algo sobre esta questão. É evidente que há alguma falha no processo da equipe de prestação de serviços e você precisa fazer alguma coisa a respeito disso. Mas, primeiro, é o momento de chamar o cliente, descobrir mais sobre a experiência dele e torcer para não perderem o negócio. É uma conta importante e você não pode comprometer a relação.

Esta é uma daquelas oportunidades de ouro — a escolha do seu próximo passo pode gerar um resultado completamente diferente do que outras escolhas gerariam. A **opção A** é simplesmente conversar com o cliente, respirar aliviado e fazer uma nota para informar o líder da equipe de entrega de serviços que ele tem um problema para resolver. A **opção B** é envolver o líder da equipe na conversa com o cliente — dessa forma, você se certificará de que o líder saiba o que está em risco e esteja envolvido na solução do problema. A **opção C**... chegaremos a ela mais tarde.

Antes de ligar para o cliente, você fala para si mesmo: "Como isso continua acontecendo? Não temos procedimentos para evitar esse tipo de coisa?". Enquanto o telefone toca, você começa a ficar frustrado por ter coisas mais importantes para fazer! Essa frustração se transforma em alívio quando sua chamada cai diretamente na caixa postal — você percebe que quer pensar mais antes de falar com o cliente sobre o processo em questão. Então deixa um recado pedindo que retorne sua ligação e assegura que o assunto será resolvido imediatamente. E esse é o seu próximo passo: descobrir mais.

Você simpatiza com os clientes pela dor causada?

Não conheço nenhum líder que não protagonizou essa cena muitas vezes ao longo dos anos. Algo dentro de sua organização está errado e parece que não tem conserto. Toda vez você tem a estranha sensação de que há outros processos e procedimentos que estão errados e desatualizados e que não são essenciais na organização. Será este o momento em que você tomará um rumo diferente? É hora de falar sobre a **opção C**. A opção em que você encara o problema do cliente como um presente, uma dica ou uma informação em vez de algo que prefere não ouvir.

A opção C é a escolha de um líder que é corajoso o suficiente para assumir as responsabilidades da melhoria de processos. Trabalhamos com os clientes que admitem, relutantemente, que precisam tratar desse assunto... uma vez que iniciam, o entusiasmo deles começa a se elevar quando veem que a prestação de serviços, a fabricação ou os processos de contabilidade em harmonia não só economizam dinheiro como também aumentam as pontuações de serviços ao cliente. E (correndo o risco de vender a ideia em excesso), quando nossos clientes incentivam suas equipes de aperfeiçoamento a tomar decisões, a taxa de engajamento dos funcionários aumenta. Este é o truque: pegue a crítica que o cliente lhe deu de presente e transforme a reclamação em um construtor de lucro. Isso pode ser feito! Veja algumas ideias a serem consideradas.

Comece com as palavras saídas da boca do cliente

Lembra-se daquele cliente que, com uma simples reclamação que chegou a você, começou todo este processo? Chegou a hora de contatá-lo (e a outros) para obter mais informações sobre o que realmente importa para ele. Descobrimos que sermos capazes de nos envolvermos com nossos clientes (e os clientes deles) é a forma mais eficiente de organizar um processo.

Muitas organizações fazem suposições sobre o que seus clientes gostam na relação. Talvez você pense que a velocidade é mais importante do que a perfeição, ou que o valor é mais importante do que a seleção. Mas, se você não perguntou ao cliente recentemente, então tem apenas um conjunto de suposições. Usar suposições inválidas em um método de pontuação de valor pode ser um desperdício e até um perigo para a sua marca. Lembre-se, a velocidade da necessidade/tendência de mudança é real em todos os setores. Se você acha que o seu é uma exceção, verifique novamente — realmente escute e aprenda. Antes de embarcar em qualquer trabalho de melhoria de processo, atualize suas informações sobre as necessidades e desejos dos clientes.

Começando a parar — elimine processos e passos que não agregam valor

Presuma que certa porcentagem dos processos e procedimentos que você segue atualmente é um completo desperdício de dinheiro, tempo e talento. Não ache que é pouca coisa — pode ser de cinquenta a setenta por cento! Uma empresa de pesquisa sediada em Boston rastreou a eficácia do processo em todas as indústrias internacionalmente por mais de 25 anos. Ela constatou consistentemente que setenta por cento das etapas de qualquer processo não agrega valor, ou seja, são um completo desperdício de dinheiro, tempo e talento. Mesmo quando se considera que vinte por cento das etapas do processo são regulamentadas ou são princípios contábeis geralmente aceitos [ou *Generally Accepted Accounting Principles* (GAAP)], isso ainda deixa pelo menos cinquenta por cento de passos que não agregam valor. Você ainda acha que este não é um tópico de negócios importante?

Seja pela aversão ou mitigação de risco, ou por lidar com uma questão do processo a curto prazo, as etapas são simplesmente acrescentadas — aparecendo no meio da noite! Chamamos este processo de *polimerização em etapas*, um primo distante do *scope creep*. Será que realmente fizemos um bom trabalho passando estas novas etapas do processo por algum tipo de filtro de valor (benefício ao cliente, economia de custos, economia de tempo, prevenção de erros etc)? O risco mitigado vale o custo vitalício da nova etapa do processo, ou essa etapa foi acrescentada para agradar a equipe jurídica? Alguém perguntou recentemente: "Será que o problema que este processo resolve ainda existe?".

Suponho que você não ficaria surpreso em ouvir que o trabalho de nossos clientes mostra que os típicos donos do processo não sabem articular a razão da existência de cada uma das etapas. Se isso for verdade em sua organização, é hora de parar! Aqui vai uma dica: seus funcionários estão morrendo de vontade de lhe falar sobre as etapas de processo desnecessárias. Você só precisa perguntar a eles! Usando MBWA, comece a perguntar aos funcionários que estão mais próximos do cliente: "Você consegue perceber se tudo o que faz objetiva o benefício do cliente?". Prepare-se — a resposta será provavelmente "não" e poderá abrir a porta para ideias novas (e algumas queixas antigas).

Acelere — esse movimento conquistará ótimas críticas de seus funcionários e clientes

Uma vez que você tenha começado a eliminar essas etapas sem valor agregado, pode realmente se encaixar nos processos que têm o maior potencial. A mudança de procedimentos é um trabalho árduo — provavelmente haverá debates entre os líderes da equipe e os donos da plataforma/produto. E é aí que a diversão começa. Um debate civilizado e bem facilitado pode reinventar seu processo de forma revolucionária para os negócios.

Esteja atento ao incremento de processos, o início do crescimento do processo

Assim que atualizar os estágios do processo, não retorne aos velhos hábitos e padrões de pensamento. Assegure-se de que você e sua equipe se responsabilizem pela avaliação da eficácia de novos processos. Eis um exemplo: durante uma execução ativa, um de nossos clientes insistiu em implementar uma nova etapa de "controle financeiro" no processo de reembolso de despesas porque alguns indivíduos da organização não estavam documentando adequadamente certo tipo de despesa. As soluções propostas acrescentaram duas a três etapas ao processo para a organização inteira.

Quando pedimos ao idealizador da ideia para estimar o custo associado para a organização em relação à mudança de processo, e depois para estimar o custo real do risco, descobrimos que ele substancialmente superava o risco — mais de cinco vezes! Não estava nem perto de pagar por si mesmo. Em seguida, o CEO recorreu ao originador da ideia e perguntou: "Podemos identificar quem sua proposta busca abordar na organização?". Com uma resposta positiva, ele sabia que o próximo passo era resolver o problema individualmente, em vez de fazer com que toda a organização assumisse o ônus por um incidente isolado.

Mais uma vez, pergunte sempre "que problema estamos tentando resolver?" ou "que oportunidade estamos tentando identificar?" antes de implementar um novo processo. Os processos efetivos devem incorporar informações e métricas suficientes para revelar tanto as questões emergentes quanto as oportunidades.

Uma palavra de sabedoria

Antes de antecipar-se na conclusão de que estas reduções de processo resultarão em cortes de despesas, pare por um momento e mude sua visão sobre o investimento desses recursos. Agora que você libertou a capacidade, eliminando etapas sem valor agregado, peça para sua equipe voltar à "lista de projetos dos sonhos" dela e ver se estes recursos podem ser aplicados a ela. Não estava gastando tempo suficiente no desenvolvimento? Agora é um bom momento para encorajar a equipe a dar o melhor de si. Você quer que esses funcionários estejam renovados e recarregados, prontos para a próxima etapa.

Por último, mas não menos importante

Finalmente — você chegou ao momento com o qual sonhou. Você alegremente se livrou de processos desnecessários e já começou um grande diálogo com sua equipe sobre como melhorar os processos que sobreviveram ao esforço da pontuação de valor. Isso é bom, não é? Mas você ainda não terminou. Chegou a hora de refletir sobre outras questões. Lembra-se do tempo, talento e recursos financeiros que ganhou com o corte de processos sem valor agregado? Espero que tenha tido tempo de os atualizar... porque é hora de pensar novamente. É hora de pensar na melhoria de processos como um caminho para conquistar oportunidades em vez de um caminho para resolver problemas. Há um velho ditado: "Você pode encontrar um atalho para a rentabilidade, mas não pode encontrar um atalho para o crescimento".

Como líder, você passa grande parte do seu dia pensando sobre resultados. Quanto tempo gasta pensando sobre a linha dorsal (novos negócios, novos produtos e novos mercados)? Se fez um bom trabalho conquistando capacidade, agora é hora de reinvestir essa capacidade de criar um caminho eficiente para novas oportunidades. Quando você transferir esses recursos para o crescimento, provavelmente verá uma tendência positiva de engajamento dos funcionários, com uma realidade de longo prazo de clientes mais satisfeitos.

Um lembrete: onde as paixões florescem, as soluções aparecem

Você se importa com as coisas que perturbam os clientes? Você leva essas situações para o pessoal? É hora de fazer a diferença e criar soluções que façam a diferença — comece agora.

1. Que processos em sua organização são mais onerosos, controversos ou irritantes para os clientes?

2. Estime o custo desses processos — tempo/atrasos, full-time equivalent (FTE), ou mesmo negócios perdidos.

3. Calcule o impacto da redução deste custo em cinquenta por cento. (Acima da porcentagem líquida sem valor agregado).

4. Quanto você investiria para economizar esse custo ou mesmo metade desse custo?

Portanto, tome providências. O que o está impedindo?

Cenário da vida real para o próximo capítulo

Evelyn e Theresa estavam discutindo sobre como parece que algumas coisas acontecem rapidamente e sem esforço na organização delas — enquanto outras atividades são sempre difíceis, transformando-se frequentemente em uma grande questão. Theresa lembrou-se de uma apresentação provocadora feita pelo consultor J. Allen declarando que "a velocidade é gratuita", um conceito complementar à ideia do autor Phil Crosby de que "a qualidade é gratuita".

— Allen deu vários exemplos — disse Theresa —, mas aquele que mais me marcou foi o da Motorola há muito tempo. Um analista perguntou a Bob Galvin, o CEO, a que custo eles fecham os livros de contabilidade de cada trimestre em sete dias, em vez dos habituais 43 dias. Galvin respondeu o seguinte: "Economizamos sete milhões de dólares. Ao contrário do que acreditam, fazer as coisas com mais rapidez significa que você não pode fazer tantas coisas sem sentido e às vezes estúpidas. Você tem que ir direto ao ponto!".

— Uau — exclamou Evelyn. — Como podemos falar sobre isso em nossa organização, como podemos criar senso de urgência? Como podemos fazer com que outras pessoas se orgulhem mais da cooperação e colaboração e que não se contentem com "sempre foi feito assim"?

— Poderíamos ser muito melhores e muito mais felizes se fizéssemos as coisas de forma mais fácil e rápida. Vamos nos reunir novamente e descobrir como podemos começar a fazer as coisas funcionarem melhor. Poderíamos até ir além: vamos tentar ganhar a reputação de sermos "extremamente responsivos"!

CAPÍTULO 7

Um bom atendimento interno ao cliente é gratuito

* Na imagem, está desenhada a palavra *Service* **(Serviço)**

O SERVIÇO INTERNO AO CLIENTE PODE SER EMOCIONANTE... OU NÃO!

Qual é o mistério não resolvido nos negócios hoje em dia? Não é uma criatura folclórica — o saci, o curupira, ou algum outro folclore — está bem ali na sua frente! E é definitivamente solucionável!

Nos anos em que a Masters Alliance trabalhou com líderes do mundo todo, nós o vimos, ouvimos e até assistimos executivos esquentarem a cabeça por causa dele. Estes inteligentes e sofisticados líderes fizeram declarações como "Eu não entendo; tudo em nosso plano foi feito e tudo está no lugar, então por que não está dando certo como esperávamos?" ou "Acabamos de lançar nosso melhor produto no mercado; por que não obtivemos as vendas que previmos?".

Ao analisarmos as evidências, descobrimos que elas são precisas. São executadas contra o plano estratégico e seu produto é de fato inovador. Por isso, vamos além, questionando, geralmente de forma contundente, mas respeitosamente, sobre a lacuna entre as boas intenções e os resultados — por quê, por quê, por quê, por quê, por quê? E em algum momento, o elo mais fraco foi exposto. Ahá! É a **síndrome do atendimento interno ao cliente.**

É o que impedirá a melhor empresa de alcançar o objetivo de sucesso final. É o calcanhar de Aquiles de qualquer organização. É ao que seus concorrentes estão atentos e eles estão prontos para tirar proveito disso.

A realidade

Você afirma que seu atendimento interno ao cliente é mediano. Vamos ver o que o "mediano" produz. Metade de suas iniciativas são entregues em tempo hábil. Cerca da metade está dentro ou abaixo do orçamento. O recrutamento de "voluntários" para novos esforços requer que muitos sejam escolhidos. As revisões de progresso/status são dolorosamente vazias de emoções. Cerca da metade de seus esforços realmente fazem a diferença com os clientes externos, mas muito raramente o fazem com os clientes dos clientes.

O serviço interno de atendimento ao cliente é a cola que mantém uma organização unida. Ele determina se e como as coisas são feitas e se uma organização é rápida ou lenta. Determina quão bem os clientes pensam de você ou se simplesmente são neutros. A tendência é que um deficiente serviço interno de atendimento ao cliente gere um caos constante e sua interação com o cliente não atinja vantagens competitivas. Em contraste, um bom serviço interno de atendimento ao cliente — que permite que a equipe externa voltada aos clientes os surpreenda com rapidez, antecipação e capacidade de resposta — cria vantagem competitiva significativa.

Analise os números em sua cabeça. Quanto um atendimento interno ao cliente "mediano" lhe custou? Qual é seu impacto sobre a satisfação do cliente, métrica de lealdade do cliente, moral interna e retenção? Quantas pessoas são necessárias para realizar as coisas? Quanto tempo elas demoram? Quantas oportunidades são perdidas? Por quanto tempo os problemas persistem? Esta história se repete em sua organização?

Talvez você tenha concluído que seu serviço interno de atendimento ao cliente é acima da média ou mesmo bom. As coisas são feitas no tempo, no orçamento e com impacto positivo. Mas você realmente sabe o que acontece em sua organização para alcançar esses resultados? As coisas fluem de forma suave ou o sucesso é alcançado com muito suor? Você vê o quadro real? Você trabalha consistentemente para descobri-lo?

Problema identificado e definido... pode ser resolvido?

O sucesso é realmente bastante simples — ele segue a regra de ouro interna. Como os funcionários tratam uns aos outros? Eles servem uns aos outros, assim como servem os clientes? Será que "fazem com os colegas de trabalho aquilo que querem que seja feito com eles"?

Pense nisso por um minuto. Como um líder estabelecido na organização, quanto tempo do seu dia você passa lidando com política ou com um equivalente às brigas no pátio da escola? Quanto tempo de seu dia você passa ouvindo os membros de sua equipe fazerem lobby de suas posições, tentando convencê-lo de que a equipe é mais inteligente do que a outra equipe? Quanto tempo você gasta lidando com a percepção política e guerras territoriais?

Imagine recuperar esse tempo e energia. Então imagine quão poderoso seria dar esse presente, mesmo uma parte dele, à sua equipe! Você não prefere passar o tempo com pessoas que estão entusiasmadas, informadas e energizadas? Quem o faz sentir como se estivesse preparando alguma coisa? Uma cultura interna de serviço ao cliente de sucesso é a cola que une sua equipe na realização da visão. É a alegria de um grande dia e é a razão pela qual os melhores funcionários permanecem. Sem ela, eles veem barreiras por onde quer que olhem, vão para casa infelizes e, eventualmente, vão embora.

Sabemos em primeira mão da tremenda liberdade que surge quando recapturamos relações produtivas de trabalho interno. É emocionante! Continue lendo — ao fazer mudanças em sua organização, você pode alcançar esta fundamental transformação de mentalidade e de comportamento.

O que você pode fazer

Então, você está interessado em fazer mudanças? Espero que sim! Estas são algumas ideias para começar a fazer o diagnóstico que vão ajudá-lo a mergulhar mais fundo e identificar soluções adicionais de alta alavancagem para sua organização.

1. *Sua organização tem questões estruturais incômodas que trabalham contra a mentalidade do serviço interno?*

   Ela é mais isolada do que colaborativa ou há cargos indefinidos e sobreposição de funções? Todos estão esclarecidos a respeito de como a equipe trabalha com os outros para alcançar a visão? Este ponto é fundamental. É extremamente difícil trabalhar juntos de forma eficaz como uma organização se você não souber como os objetivos funcionais se conectam aos objetivos comuns claramente declarados e acordados. É hora de cuidar das questões que você sabe que causam conflitos entre as equipes.

2. *Avalie seus líderes — eles costumam colocar uma equipe contra a outra?*

   A abordagem Campeão/Adversário de ser a pessoa mais inteligente na sala é uma tática comum para "conseguir os melhores resultados", mas tende a destruir a sensação de colaboração. Seus líderes tratam uns aos outros com o respeito que eles querem? Se não o fizerem, então seu trabalho começa com eles. (Não se surpreenda se alguns membros da equipe optarem por sair do programa em vez de embarcar nele. Tudo isso faz parte do processo).

3. *Suas equipes carecem de um ângulo de visão claro dos clientes externos?*

   Eles sabem como o trabalho deles impacta os clientes e seu negócio? Em um capítulo anterior, discutimos por que funcionários trabalharão mais para o cliente do que para o chefe. Isso também se aplica a situações internas do cliente, especialmente quando o trabalho está ligado aos clientes externos.

4. *Analise as suas práticas de incentivo, reconhecimento e medidas de desempenho.*

Elas se concentram em mercados, clientes e vantagens competitivas? Ou colocam os funcionários uns contra os outros por meio de calibrações e rankings? Os funcionários estão cientes das práticas (oficiais *ou* não oficiais)? Algumas práticas destroem equipes unidas — um jogo de soma zero que faz com que funcionários tenham uma mentalidade de "vitória individual" em vez de uma mentalidade de "vitória coletiva".

5. *Você já olhou para o próprio comportamento*?

Ai! Isto vai doer um pouco. Você é um líder de sucesso que tem sido recompensado com promoções, aumentos salariais e bônus. Como pode ser que isso não esteja dando certo? Você está transmitindo algo além de uma mentalidade voltada para o serviço? Você olha para seus funcionários como um meio para atingir um fim, ou como parceiros que precisam de seu apoio e orientação? *O Líder Servidor*, um clássico livro de negócios escrito por James A. Autry, ilustra como os líderes podem compartilhar o poder, colocar as necessidades dos outros em primeiro lugar e ajudar as pessoas a se desenvolverem e terem o melhor desempenho possível. Ele é um bom ponto de partida. A verdadeira liderança começa dentro de nós, com seu compromisso de inspirar o melhor nos outros.

Você tem alguma pergunta?

Você provavelmente está lutando com esta ideia — talvez formalmente ou por instinto. Não é fácil. Sabe que a recompensa é grande, mas vê tantos obstáculos. Vamos olhar mais para isso.

P1: "Eu já gastei uma boa quantidade de tempo e dinheiro no incentivo de time e trabalho em equipe. Por que isso não tem ajudado a situação?"

Somos fãs de trabalhar com afinco para desenvolver equipes eficazes no sentido mais tradicional. Os membros das equipes de trabalho sólidas precisam, para obter confiança, aprender os pontos fortes e fracos uns dos outros e assim por diante. Entretanto, o desenvolvimento tradicional da equipe não consegue alcançar a sensação de conexão de que você necessita para impactar significativamente a organização e seus clientes, pois não se concentra adequadamente em clientes, mercados e situações competitivas que estimulam as equipes a trabalhar em conjunto para objetivos comuns. Há também equipes que trabalham com outras equipes — você pode ter multidões de equipes altamente eficazes, mas, se elas não trabalharem *juntas* de forma eficaz, as questões não serão resolvidas e as oportunidades emocionantes não serão descobertas ou implementadas. Se suas várias equipes não se concentrarem em fazer uma diferença no mercado, impactando os clientes e fazendo isso *juntas*, qual é o objetivo do trabalho?

P2: "Como isso aconteceu conosco?"

A visão de uma grande empresa

"A máquina bem lubrificada realmente tinha algumas falhas. Quando o negócio ficou mais difícil alguns anos atrás, poucas coisas estavam funcionando bem e era frustrante empregar mais esforços. As equipes e os grupos defendiam seus esforços com base em experiências passadas em vez de se adaptarem à nova economia".

É fácil ignorar as prioridades críticas de se concentrar em dinâmica de trabalho interna, fazendo esforços consistentes para remover barreiras e racionalizando as relações de trabalho para gerar diferenças perceptíveis para os clientes. Nunca desperdice um bom problema ou uma situação difícil. Quando todos na organização estão dizendo: "temos que fazer alguma coisa", *faça essa alguma coisa*!

A visão de uma pequena empresa

"Quando começamos, éramos um grupo pequeno, e todos nos dávamos bem. Conhecíamos uns aos outros, celebrávamo-nos e tratávamo-nos com respeito. Onde erramos?"

Não tem muito a ver com ter feito algo errado, mas com ter feito uma suposição trivial: que, à medida que sua empresa crescia e se tornava bem-sucedida, essas dinâmicas familiares cresceriam junto com ela. Mas, como você estava se concentrando na construção do negócio, isso não aconteceu. O sucesso sustentável requer que os executivos andem e masquem chiclete ao mesmo tempo, que estejam em contato tanto interna como externamente... que sejam "observadores".

P3: "Somos muito claros quanto aos nossos valores. Por que eles não são suficientes para relações operacionais bem-sucedidas?"

Viver seus valores requer mais do que postá-los, expressá-los e falar sobre eles. Os valores precisam fazer parte da malha organizacional. Eles precisam ser *usados* — para o reconhecimento, na contratação, na disciplina e na demissão. Você precisa chamar a atenção das pessoas, incluindo e especialmente, os líderes seniores, por violarem os valores. Uma organização sempre tem valores e, muitas vezes, eles são bem diferentes do que é publicado formalmente. Seja ousado na proteção de seus valores e ao conectá-los aos clientes, ou eles mudarão sem que você saiba.

P4: "Como saberei que está dando certo?"

Como a maioria das estratégias comerciais sólidas, não acontecerá da noite para o dia e vai exigir esforço. Mas é assim que saberá que está dando certo: você vai gastar seu tempo de forma diferente. Em vez de lidar com guerras de território e questões de personalidade, você poderá dedicar mais tempo aos esforços comerciais positivos. O desgaste dos funcionários pode aumentar um pouco, mas então deve diminuir. O engajamento dos funcionários deve subir, assim como as métricas de atendimento ao cliente. E, dado espaço suficiente, este tipo de esforço ajudará seu resultado. Mas isso começa com uma mudança de mentalidade — e você verá essa transformação mais rapidamente. Este é o verdadeiro ROI: crescimento e vantagem competitiva. Olhe para sua estratégia quinquenal e para seu plano anual através de uma nova lente. Pergunte a si mesmo "Se nossa empresa trabalhasse em conjunto da melhor maneira possível, o que mais poderíamos conquistar? Poderíamos crescer mais rapidamente, atingir o mercado mais rapidamente ou servir melhor nossos clientes? O que conseguiríamos fazer se não nos concentrássemos nos mesmos assuntos ou se não tivéssemos as mesmas batalhas internas de sempre?". Suponho que você começou a ver a oportunidade e o ROI potencial desta mudança.

Isso dá certo — alguns exemplos de clientes

Situação: a equipe de ação de atendimento interno ao cliente de uma empresa de serviço varejista regional dos EUA descobriu que mais de 25 por cento da equipe de loja não gostava de trabalhar com clientes. Enquanto isso, um grande número de colaboradores *back-office* estava entediado e ansioso para trabalhar com os clientes. Ao descobrir esta situação singular, colocamos as pessoas certas nos lugares certos.

> **Resultado:** ouvir os talentos e desenvolvê-los em seu maior potencial aumenta a margem de crescimento, de participação e de rendimento em um mercado em baixa — sem aumento de orçamento, acréscimos de pessoal ou disrupção da reorganização.

Situação: uma importante empresa internacional de software procurou por especialistas de domínio desconhecidos durante uma expansão para vários países. Com isso, a ferramenta "quem-faz-o-quê" tornou-se a ferramenta "quem-pode-fazer-o-quê".

> **Resultado:** os novos talentos identificados geraram oportunidades, promoções, reatribuições novas e esforços mais impactantes para o mercado. A atmosfera que isso resultou foi eletrizante. "Eu não sabia

que você conseguia fazer isso/tinha essa experiência/era apaixonado por isso" foram comentários e descobertas frequentes.

Situação: três equipes críticas, de uma grande fornecedora militar na área de segurança eletrônica, compostas de colaboradores individuais e supervisores de primeiro nível trabalharam significativamente para melhorar a dinâmica interna do cliente com os seis grandes grupos empresariais.

Resultado: estas três equipes rapidamente identificaram barreiras para relações eficazes de trabalho, selecionaram os maiores inibidores de excelência e produtividade e focaram os incômodos que sempre existem para que as coisas sejam feitas. Eles determinaram as causas prováveis (muitas no nível do vice-presidente executivo). Com essas informações em mãos, realizaram reuniões com cada um dos líderes dos grupos empresariais para discutir abertamente a situação.

Para surpresa das equipes, a maioria dos líderes estava aberta e ouviu. Alguns ficaram chocados e consternados — e imediatamente concordaram em apoiar um plano de ação. E isso compensou em velocidade. Velocidade em novos esforços, na resolução de problemas e na receptividade do cliente.

Comece agora

Você pode ter percebido que alcançar a excelência no atendimento ao cliente interno não é tão simples quanto emitir um relatório ou atualizar os cartazes de trabalho em equipe na sala de descanso. É um processo de reprogramar todos na organização a se reconhecerem e propositadamente tratarem uns aos outros como clientes. Antes que você se preocupe com a transformação para os funcionários, pode apostar que eles estão prontos para a mudança e celebrarão a notícia. Ninguém quer receber um serviço ruim — e ninguém quer entregar um.

Quase todas as equipes executivas dos nossos clientes ficam surpresas ao perceber que há muito espaço para melhorias em suas organizações. Atinja todo o seu potencial. Desbloqueie a solução que existe dentro de sua empresa — comece a criar uma cultura interna de atendimento ao cliente que ajude a eliminar essas barreiras ao sucesso!

Esta tarefa pode parecer quase impossível, mas sou otimista e tenho esperança. Isso pode ser feito. Existem soluções; existem maneiras de fazer isso. Digo isso porque já fizemos muitas vezes!

CONSTRUA VANTAGEM ESTRATÉGICA

Cenário da vida real para o próximo capítulo

Angie e Austin estavam bebendo em um pub irlandês em Seattle com dois amigos. Era uma noite relaxante de sexta-feira e eles estavam discutindo como era trabalhar em suas organizações, comparando diferenças e invejando a situação um do outro.

Elizabeth e Yang estavam com ciúmes da atitude mais agressiva e voltada para a execução. Os outros dois ansiavam pelo prestígio estabelecido e salários da firma de seus amigos. Ninguém estava feliz.

Ao vê-los, Sam juntou-se a eles, interrompendo a discussão séria e descrevendo alegremente a diversão que estava tendo em sua empresa. Sam estava entusiasmado com a forma que o progresso deles em relação à concorrência impactava os clientes. Ele estava até animado com as atividades colaborativas e inovadoras com os fornecedores!

Elizabeth não aguentou mais:

— O que o torna tão especial? — Ela deixou escapar. — Por que você está tão otimista hoje? Como você ficou tão desconectado do mundo real?

Austin sugeriu que ele provavelmente conseguiu um aumento.

— Não, não, não, você entendeu errado — disse Sam. — Não se trata das atividades intensas, a remuneração ou o tempo livre. Trata-se de como pensamos e como fazemos nossos negócios.

— Vai — disse Angie —, desembucha. Do que você está falando? O que está acontecendo? Como isso é possível?

CAPÍTULO 8

Falta de estratégia de nocaute?

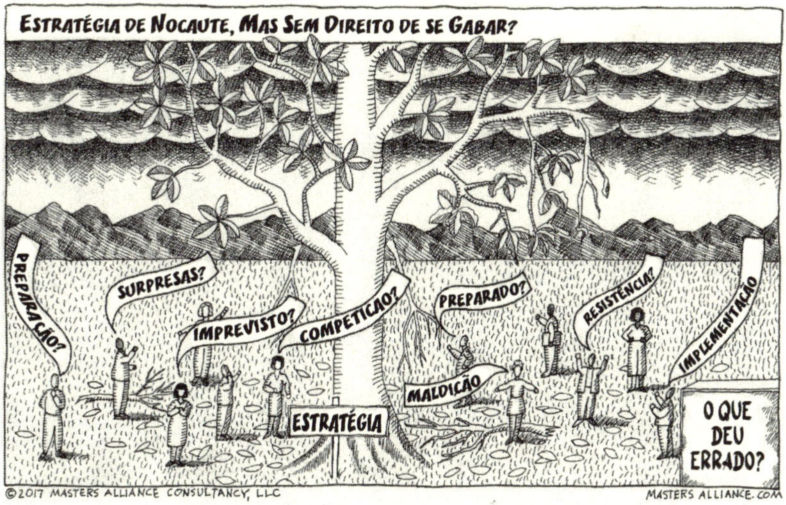

SEM DIREITOS DE SE GABAR? O *STATUS QUO* É O INIMIGO DA TRANSFORMAÇÃO

Então você começou o ano com uma estratégia arrebatadora…, mas não está vendo retorno. Você não está deixando sua marca no mercado. A concorrência continua extremamente difícil e parece que as outras pessoas estão ganhando cada vez mais. A batalha é cansativa. A máquina está trabalhando a todo vapor.

O otimismo está descendo ladeira abaixo

Todos nós fazemos isso. Começamos o ano otimistas de que será o ano em que avançaremos; será o ano em que nossa estratégia arrebatadora começará a dar frutos e será um ano diferente do resto. Então, como está indo? Honestamente?

Se já se passou um trimestre do ano, você provavelmente teve suas reuniões trimestrais de diretoria, assembleias com os funcionários, (se for uma companhia de capital aberto) fez a declaração de lucros e teve conferências com os investidores.

Esses preparativos foram diferentes dos que fez nos trimestres passados? Você e sua equipe financeira estavam cheios de energia e ansiosos para relatarem os resultados? **Ou... você e sua equipe de liderança se esforçaram para encontrar novas palavras para descrever os mesmos problemas de sempre?**

Está cansado de tentar explicar por que a nova estratégia carece de força no mercado ou não está sendo executada efetivamente? Sua equipe financeira está procurando com afinco a última boa notícia escondida (assim espera) no relatório de vendas da semana passada?

Imagine um mundo onde você e sua equipe mal possam conter o entusiasmo ao entrar em reuniões de conselho para compartilhar notícias surpreendentes. Estou aqui para lhe dizer que isso é possível.

Lembre-se, a execução é essencial

Você pode até me acusar de conhecer feitiçaria corporativa ou de vender uma espécie de pó mágico. Mas posso dizer-lhe honestamente que a resposta está bem na sua frente. **Não** é um passe de mágica, **não** é sexy ou cativante e **não** é algo que possa ser brilhantemente exibido em um slide PowerPoint na próxima assembleia. É um trabalho árduo.

Qual é o segredo? Eu poderia tentar amenizar a mensagem, mas descobri, nos trinta anos que estamos fazendo esse trabalho, que estas situações exigem uma declaração sem rodeios.

O sucesso depende do processo simples, mundano e entediante de **executar sua estratégia**. Não se sinta insultado; o amor por declarações estratégicas às vezes pressupõe uma realização bem-sucedida.

Já vimos isso antes: a empresa gastou muitos recursos para o desenvolvimento de uma estratégia *arrebatadora*. Ela até chamou empresas de consultoria altamente sofisticadas, que passaram incontáveis horas em sessões de imersão com a equipe — saindo do centro de comando *deles* com a mais bela, bem ilustrada e animada apresentação de PowerPoint contendo a estratégia que *eles* recomendam. Sua equipe de liderança agradeceu e ela foi apresentada à diretoria como "*a solução*". Você a entregou à equipe desejando o melhor para uma implementação bem-sucedida. Então, seguiu em frente para enfrentar o próximo grande problema da organização.

Aqui vai uma pista — quando você entregou a estratégia, quantos em sua equipe o olharam nos olhos e, com confiança, disseram que poderiam implementá-la? Você perguntou a eles de que recursos precisariam para isso? É aqui que as coisas podem desmoronar quando você tem uma grande oportunidade.

Se você não tem uma equipe de implementação arrebatadora, sua estratégia arrebatadora será um desperdício do tempo da equipe e de dinheiro da organização. E, se você acha que sua equipe de implementação já é uma equipe nota dez, pense novamente sobre isso. Não confunda uma equipe de operações de primeira com uma equipe de implementação de estratégia de alta potência. São duas coisas diferentes. A equipe de operações que sempre oferece ótimos resultados é organizada e incitada a entregar exatamente isso... grandes resultados operacionais. Seu sucesso está no ganho de eficiência e atendimento ao cliente.

São os agentes de mudança, não a força bruta

Uma grande equipe de implementação de estratégias é composta de demagogos e agentes de mudança que podem ver o futuro e dirigir a organização até lá. As equipes de implementação sabem que, para que a estratégia atravesse a linha de chegada rapidamente, você precisará desistir de um pouco de eficiência, embora temporariamente, para transformar a organização. A mudança é um trabalho árduo. Quebrar velhos hábitos e construir novos é difícil (basta perguntar a qualquer pessoa que tenha feito uma dieta). Mas uma equipe de implementação de alto desempenho enxerga o *status quo* como o inimigo.

Este trabalho requer trazer novos talentos a bordo — mas tenho boas notícias para você! Provavelmente, você já tem as pessoas de que precisa. Talvez elas simplesmente não estejam nas posições certas ou não se associaram às pessoas certas. Talvez tenham tentado esforços de transformação de mercado antes e foram impedidas ou mesmo ridicularizadas. Você conhece seus rostos e seus nomes porque são os funcionários que constantemente fazem as perguntas difíceis nas assembleias de funcionários. Eles são aqueles que constantemente aparecem em suas avaliações de talentos como "alto potencial, mas precisa ser lapidado". Eles são aqueles que parecem estar à beira de sair, mas até agora algo os tem impedido de cruzar a porta.

O engajamento deste grupo de indivíduos é poderoso e eficiente ao mesmo tempo! Pense nos custos de recrutamento, avaliação de talentos, contratação e integração que você economizará — sem mencionar que esses indivíduos já devem ter conexões e relacionamentos internos com outras pessoas com ideias semelhantes para acelerar a realização do trabalho. Se você engajar esse grupo com eficácia, poderá até mesmo superar as expectativas que estabeleceu!

"O impossível não é um fato. É uma opinião."

-Muhammad Ali

Talvez você esteja construindo o argumento de que isso não é possível. Certamente já teria reparado este talento emergir — isso teria acontecido organicamente... Mas peço-lhe que considere uma das premissas básicas do trabalho que conhecemos hoje. Os funcionários em todos os níveis da organização são pagos para fazer o trabalho que eles concordaram em fazer. Ocasionalmente, você terá membros da equipe que tomam a iniciativa e saem da zona de conforto para fazer o trabalho que não está no escopo de seus cargos.

Pense no que acontece com esses funcionários. Eles têm cinquenta por cento de chance de serem punidos por não agirem de acordo com a conformidade e cinquenta por cento de chance de serem recompensados por assumirem mais trabalho. Essas probabilidades criam uma cultura na qual as pessoas fazem o trabalho que se espera que façam, em vez daquele que a empresa precisa que eles façam. Essa realidade é frustrante para os líderes, e geralmente persiste até que eles assumam o risco e envolvam os membros da equipe de formas novas e diferentes — ajudando a transformar a organização e ajudando a causar impacto e surpreender mercados, clientes e concorrentes.

Sua organização está pronta para o combate estratégico?

Estratégias de mudança de mercado dependem de abordagens transformadoras. Não há dúvida que os funcionários e clientes ficam animados ao ouvirem que as coisas estão mudando na empresa. Lembre-se de que raramente você tem uma segunda chance de mostrar que leva a sério a execução de sua estratégia. Clientes, concorrentes e investidores têm boas memórias — eles se lembram de quando você se comprometeu com uma estratégia e depois nunca mais ouviram falar dela. Você já deve ter ouvido falar do termo *sabor do mês*. Infelizmente, ele pode ser aplicado tanto à estratégia corporativa quanto ao sorvete. Por que isso acontece? Porque o trabalho se torna árduo e com isso é provável que desviemos nosso olhar em direção a uma novidade mais atraente e popular no momento.

A transformação traz à tona todos os "defeitos" da organização que sua equipe vinha escondendo de você. Fomos programados para dar apenas as boas notícias ao topo da hierarquia. Estas políticas e dinâmicas o impediram de alcançar todo o seu potencial. A transformação

provavelmente desenterrará algumas ineficiências operacionais que têm sido habilmente varridas para baixo do tapete. Você está pronto para agir?

O sucesso é como... um exemplo que vale a pena ser repetido

Um cliente mundialmente reconhecido, líder de mercado — fabricante de equipamentos de grande porte utilizados na produção de fibra de carbono — concordou em implementar uma difícil estratégia de alongamento de competência: **manter valor e rentabilidade com a fabricação nos EUA.** Desafiamos uma das três equipes de Fast Start/Fast FinishSM com um resultado aparentemente impossível: entregar um equipamento que tenha metade do tamanho, custe metade do preço e tenha o dobro do resultado de produtividade — fabricado na metade do tempo de produção.

Em 45 dias, a equipe reestruturou com sucesso esse equipamento em uma porcentagem suficiente do desafio para manter a fabricação nos Estados Unidos e não mudá-la para a China! Isso foi transformador. Era uma mistura de novas atitudes, novas visões de possibilidades e um processo robusto e maravilhosamente acelerado.

Tome uma providência

É provável que as empresas sobre as quais lê nas manchetes, as que têm estratégias arrasadoras no mercado, investiram em suas equipes de implementação da mesma forma que investiram em sua estratégia. Quando você olha para o orçamento, essas questões têm o mesmo peso? Você já desenvolveu os talentos da sua organização para ter uma mistura de mestres de operações e agentes seniores de mudança?

Perceba novamente como este trabalho não é tão simples quanto emitir um relatório ou atualizar os cartazes sobre "trabalho em equipe" na sala de descanso. É um processo de reprogramação para todos na organização para se prepararem para o combate estratégico!

Alguns líderes consideram este modelo um luxo que não podem oferecer. Outros entendem que é algo que não podem se dar ao luxo de não implementar! Que tipo de líder é você? Avalie sua capacidade de desenvolver uma equipe de implementação estratégica arrebatadora. Use estes pensamentos como um ponto de partida:

1. Suas estratégias são realmente estratégias arrasadoras?

2. Elas são bem definidas e amplamente compreendidas na organização?

3. Seu pessoal "respira" a urgência do cliente e do mercado em suas estratégias?

4. Seus orçamentos de implementação se conectam à execução de estratégias transformacionais (velocidade e eficácia)?

5. Seus incentivos estão ligados ao sucesso da implementação? Estão ligados à execução das melhores práticas?

As equipes executivas ficam bastante surpresas quanto ao espaço disponível para transformação nas organizações. **Chegou a hora de os líderes reconectarem seus cérebros com o mundo real...**

para resolver problemas reais que as empresas estão enfrentando, identificar e avançar rapidamente nas oportunidades de vantagens competitivas e pensar de maneira diferente sobre os princípios básicos de liderar uma organização. Crie uma cultura de combate estratégico e elimine obstáculos ao sucesso!

Cenário da vida real para o próximo capítulo

Santosh, Wolfgang, François e Nicole estavam em uma reunião internacional de estratégia. Depois que o anfitrião indicou um atraso de dez minutos, François perguntou como estava indo o pensamento estratégico de todos. Se estavam tendo dificuldades para descobrir como fazer uma diferença verdadeira, serem ousados no mercado e assumirem riscos calculados.

— É muito difícil — comentou Santosh. — Somos mantidos longe de clientes pelo medo de quem sabe o quê. E, por alguma razão, não conseguimos nos conectar aos fornecedores... nem nos é dada a oportunidade de entender o valor agregado para os clientes dos clientes!

— Nossos mercados são diferentes, mas as motivações de nossos clientes devem ser bastante semelhantes. Precisamos descomplicar estas percepções e realmente compreender. Nossos planos precisam ser estratégicos e não apenas focados em metas financeiras ampliadas! — acrescentou Nicole.

Wolfgang interrompeu a conversa com suas considerações:

— Temos que entender mais do que a pesquisa. Devemos engajar outras pessoas a pensarem de forma diferente.

— Temos que descobrir uma maneira de conseguir a atenção dos outros em relação aos clientes e à realidade deles. Devemos deixar claro o que está em jogo se não formos bem-sucedidos... além de não atingir os números. Estamos falando do nosso futuro... — concluiu Santosh.

CAPÍTULO 9

A preparação para o combate estratégico

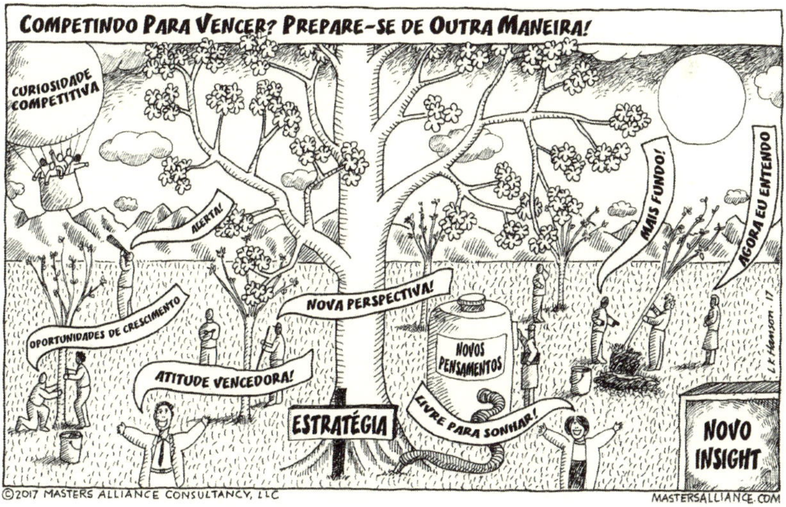

IDENTIFIQUE RAPIDAMENTE AS OPORTUNIDADES
PARA A VANTAGEM COMPETITIVA

Você se lembra da demanda do mercado? Está pronto para um combate estratégico? Sua equipe, coletiva e individualmente, ganhou visão suficiente sobre os clientes, os clientes de seus clientes, os fornecedores e os parceiros estratégicos para identificar problemas, oportunidades e dilemas de decisão estratégica? Se não ganhou, como você espera ter a percepção de estratégias que realmente criam demanda de mercado?

Chegou a hora de abordar o planejamento estratégico

Aconteceu novamente. A temporada de planejamento o pegou de surpresa. E quem poderia culpá-lo? Ainda nem passamos da metade do ano! É isso mesmo — está chegando aquela época do ano em que muitas organizações pedem às suas equipes de liderança que se abstenham das distrações rotineiras dos negócios. Mas há boas notícias — você já tem sua lista de quem fará parte do processo de planejamento estratégico. Vendas e marketing, tecnologia, desenvolvimento de novos produtos, finanças, todos os altos executivos... todos os nomes de sempre.

Você já pode ver as reuniões da diretoria. Mary, sua chefe de finanças, se sentará ao seu lado; e Andrew, o chefe de TI, estará ao lado dela. Barry, o líder da equipe de vendas, tentará sentar-se mais perto da porta. Desta forma, poderá fazer uma saída rápida se puder escapar devido a uma chamada de "maior prioridade" (Uma prioridade maior do que o planejamento estratégico? Como isso é possível? Esses líderes deveriam se sentir gratos por participar de uma atividade tão prestigiosa!).

Quanto mais você pensa sobre isso, menos otimista se torna. Enquanto olha para a lista de participantes, vê que é a mesma equipe de liderança que você desenvolveu no último plano estratégico. O mesmo plano que resultou em um sólido "atendendo às expectativas" nas poucas reuniões que teve com o conselho diretor até agora. Você já conheceu seus objetivos, mas o vencedor em você quer se sobressair! Não apenas isso, você já sabe que as expectativas para o próximo ano aumentarão...

Como é possível esperar resultados diferentes ao colocar as mesmas pessoas na mesma sala? Como você pode aumentar o nível de entusiasmo de sua equipe para que tenham ideais novas e diferentes? Mudar o local das reuniões? Mudar as pessoas? Mudar o processo? Todas essas formas são válidas para ampliar seu processo de planejamento. Mas você sabe que ir para um local externo mais interessante e acrescentar alguns líderes juniores de alto potencial a esta mistura não será o suficiente para obter resultados diferentes.

É tentador atirar dinheiro ao problema contratando três grandes empresas de consultoria para elaborar estratégias, mas você sabe que isso só perpetuará o problema em vez de ajudá-lo. Você precisa de uma nova abordagem — uma que obtenha substancialmente melhores resultados, gere entusiasmo nos membros da equipe e seus funcionários e, eventualmente, ofereça melhor valor aos clientes e acionistas.

É universal

Há uma boa notícia: você não está sozinho! Na verdade, a Masters Alliance trabalha com líderes como você há três décadas para resolver este exato problema. Surpreendentemente, não é apenas um problema inerente a organizações grandes, estabelecidas e bem-sucedidas — ele atinge a maioria das organizações de vez em quando.

As organizações de sucesso tornam-se acomodadas nesta situação. Você pode ter cuidadosamente gerenciado e medido seu caminho para eficiência e aproveitado cada pedacinho de oportunidade que encontrou. Sua equipe está tão focada internamente que perdeu parte dos atributos característicos de uma sede de grandeza. O ritmo ousado de sua equipe se desgastou a um ritmo confortável e previsível. Chegou a hora de mudar. Você sabe disso e pode ter certeza de que a equipe também sabe.

Em vez de responder com reorganização previsível, realinhamento de recursos e retribuição de responsabilidades, olhe para além dos rostos à mesa na reunião de planejamento. Considere a possibilidade de que sua equipe de liderança possa trazer um plano novo, emocionante e energizado!

A evidência é clara

Vejamos duas abordagens estratégicas diferentes. Uma delas é claramente mais sustentável e mais consistentemente eficaz.

> *Buscar o crescimento pelo bem do crescimento; cortar custos para defender lucros; mudar as pessoas para sacudir as coisas; inovar para uma imagem melhor e para ser o primeiro...*

versus

> *Capitalizar sobre um entendimento único e profundo de toda a cadeia de demanda — uma que satisfaça as necessidades de todos os parceiros comerciais; identificando propostas de valor claras...*

Essa última é a chave para o sucesso estratégico, sustentável e competitivo. Estratégias excitantes de mudança de mercado envolvem fazer as escolhas corretas já no início: fazer um pré-trabalho perspicaz e envolver todos os participantes da estratégia no processo.

Cada um de vocês já parou e viveu um dia como se fossem os clientes? Qual exatamente é a experiência deles com a sua empresa, ela é próxima e pessoal? Dê outra olhada nos clientes de seus clientes, seus fornecedores e seus parceiros estratégicos. Ganhe ainda mais discernimento para estratégias que realmente criarão demanda de mercado!

O poder está no *pensamento* estratégico

Primeiro, diferencie o planejamento estratégico do pensamento estratégico. O planejamento estratégico é o processo de documentar os resultados vindos do pensamento estratégico. Isto significa dar ao seu time a oportunidade de pensar estrategicamente antes do processo de planejamento, estabelecendo o tom para novas ideias e não caindo nas armadilhas de tentar resolver o mesmo problema ano após ano.

Imagine os membros de sua equipe sendo livres para sonhar e se inspirar mutuamente sem a pressão de uma entrega documentada. Configure a expectativa para a criatividade, visão baseada em fatos e discussões intuitivas. Dê a sua equipe o tempo que precisa para adquirir novos dados *e* criar e digerir novas ideias. Quebre seu antigo padrão de envio de leituras antecipadas que não são lidas. Estabeleça momentos de pré-planejamento para trocar ideias em uma verdadeira zona sem julgamento. Incentive e recompense novos pensamentos; desencoraje as queixas de sempre e ideias cansadas. Dê a seus líderes licença para trazer à tona algo novo — e estabeleça o tom com uma nova ideia!

Se a empresa estiver sob pressão de um concorrente líder de mercado, priorize a obtenção, a análise e a discussão das informações da linha de frente. Veja um exemplo simples: um de nossos clientes monitorou o número de carros de um fabricante concorrente nos estacionamentos de funcionários; isto ajudou a verificar alguns dados e tendências do volume de produção que não estavam muito claros. Suponho que suas equipes de vendas estão ansiosas para compartilhar algumas grandes ideias sobre como competir no mercado. Imagine ter acesso ilimitado a elas! Vimos grandes ideias borbulharem dos membros da equipe que passam a maior parte dos dias interagindo com os clientes.

Teste a descoberta com dados

Use os recursos da inteligência comercial em todo o seu potencial. Estamos inundados de dados, mas agora não é o momento de desistir de transformá-los em informações significativas. Assegure-se de que você tem acesso às informações analíticas sobre seus clientes, fornecedores, concorrentes e mercados. Enquanto você analisa os dados, não se perca nos pontos mais precisos que usaria para relatórios de desempenho.

Em vez disso, dê um passo atrás e procure por tendências: em que direção o mercado tem mudado no último ano ou cinco últimos anos? Quais são as implicações para sua organização nos próximos dois a três anos? Existem impactos materiais de seus ciclos comerciais que precisam ser reconsiderados? Como isso se alinha à primeira descoberta da equipe de estratégia?

Cuidado para não depender muito de dados internos. Se seus líderes não acreditam na validade deles, descartarão o poder da informação. Questione os líderes sobre a exatidão da base de dados que você utiliza para relatar KPIs. Expanda até o ponto principal para que todos possam concordar com a forma de medir o sucesso. Tente não cair na armadilha da "mesma melhoria do ano passado". Olhe para a frente e esclareça sua visão do futuro.

Faça uma análise STWO, não uma SWOT

Olhe para as informações que usa para se preparar para as reuniões de pensamento e planejamento. Realizar uma análise SWOT é o preparativo de planejamento mais robusto de muitas empresas. Analise quem está montando e sintetizando os dados para você:

- Eles estão usando informações de clientes, stakeholders e concorrentes atualizadas e objetivas para identificar seus pontos fortes e fracos?
- Como avaliam as ameaças dos concorrentes, as condições de mercado, os regulamentos ou outras questões?
- Quem está recomendando suas oportunidades? Elas são genéricas ou feitas sob medida para o plano de crescimento da organização?
- A análise SWOT mais recente foi precisa? Previu algo que realmente aconteceu?

Recomendamos que você reordene o método SWOT habitual. Faça uma análise STWO — em vez de comparar seus pontos fortes com fraquezas, compare-os com as ameaças! Pense desta maneira: se sua equipe estivesse se preparando para um verdadeiro combate corpo a corpo, não seria melhor se concentrar em analisar a situação da batalha e as ameaças do oponente primeiro? Com isso, suas fraquezas seriam mais precisas e suas oportunidades mais claras.

Aqui vai uma nota de aviso, no entanto: certifique-se de validar a ameaça com o máximo de dados e informações antes de se concentrar nessa etapa. Já vimos casos em que uma ameaça é incorretamente retratada (como muito forte ou muito insignificante), o que distrai a equipe do verdadeiro trabalho — pensamento estratégico eficaz e impactante!

Esteja preparado e encorajado

Estes são apenas alguns métodos de prontidão que implementamos com nossos clientes ao longo dos anos. Não há dúvida de que, se você melhorar a preparação para as reuniões de planejamento estratégico, terá melhores resultados. A seguir, vamos discutir como definir realmente a estratégia — mas para isso é necessário ter uma equipe bem preparada e de mente aberta. Agora é a hora de colocar tudo em movimento! Você não pode esperar mais!

Para um de nossos clientes, uma empresa internacional de bem-estar, essa abordagem de pensamento estratégico levou a uma visão e descrições de visão reformuladas; esforços estratégicos concentrados para cada unidade do negócio e área de suporte; alinhamento de mercado e organizacional; e atividades de aquisição e desinvestimento intencionais. Informe, decida, aja... e o ritmo continuará.

Cenário da vida real para o próximo capítulo

Como colaboradores de longo prazo e orientados para o risco, Sarah e Eric dedicam-se a fazer uma verdadeira diferença no mercado, mas tem sido difícil reunir outros para mover a organização para uma posição de vantagem competitiva.

Entretanto, após ouvir o entendimento de Sarah, Eric e seus amigos sobre valor agregado para os clientes dos clientes, Brooke e Jeong ficaram mais uma vez entusiasmados. Eles corajosamente entraram nas discussões de marketing e vendas e de forma persuasiva organizaram vários "ride-alongs" com representantes. A comparação das anotações uns com os outros em um grupo que chamaram de "Guerreiros Estratégicos", que crescia cada vez mais, fez o contexto do cliente tornar-se mais claro — com um novo entendimento da "cadeia de demanda" estendida.

Em preparação para um grande planejamento estratégico externo, eles se reuniram para compartilhar e incentivar uns aos outros. Concluíram que todos deveriam se apoiar na reunião, esforçando-se para um brainstorming verdadeiramente informado, não permitindo que a voz mais alta prevaleça. Precisamos estar sempre focados no cliente e no mercado e devemos engajar outras pessoas a pensar de forma diferente — competitivamente!

CAPÍTULO 10

Estratégias emocionantes obtêm resultados

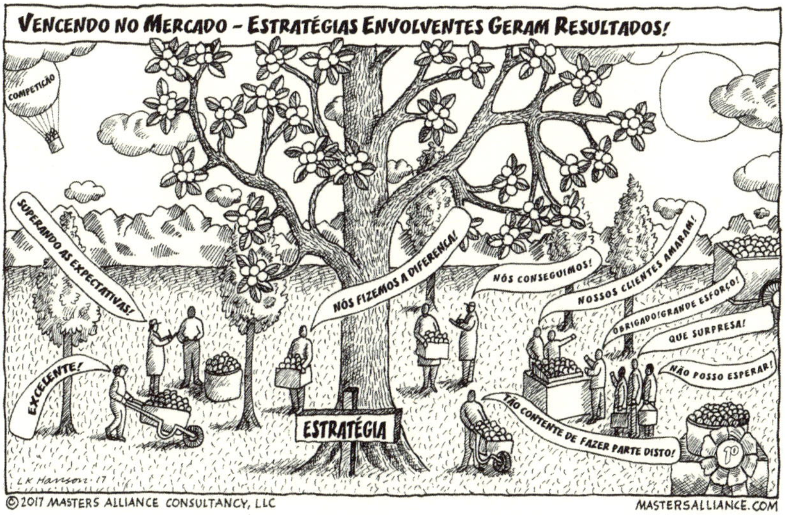

FAÇA A DIFERENÇA NO MERCADO

Você se lembra de criar um mercado? Você está equipado para superar a concorrência? Está pronto para entrar no desafio de xadrez multidimensional da competição estratégica? A sua equipe está aberta para transformar alguns de seus negócios? Os membros de suas equipes sentem-se "donos" dos resultados? A sua equipe, coletiva e individualmente, entende a visão dos clientes, dos clientes de clientes, dos fornecedores e dos parceiros estratégicos? Ela se identifica com os problemas, oportunidades e os dilemas estratégicos que eles têm? Está realmente pronta, ou você está apenas esperançoso? Alguma vez se envolveram, realmente, em um combate estratégico — competindo mano a mano — para vencer pelos clientes?

Hora de olhar em frente para o planejamento remoto

Você analisou dados, revisou informações e discutiu estratégias. A grande reunião de planejamento chegou e está na hora de colocar os preparativos à prova. O palco está montado — as apresentações, os marcadores, o café da manhã saudável e grandes garrafas de café estão a postos. Você conferiu que as investigações anteriores ao trabalho foram completadas e compartilhadas e a nova abordagem já foi entendida pela equipe de liderança.

Você pessoalmente já realizou reuniões de discussão a respeito dos novos resultados da pesquisa de mercado para garantir que sua reunião de planejamento não será transformada em uma sessão de perguntas e respostas sobre os significados dos dados. Você já teve todos os pré-argumentos que precisava ter. Você disse ao Bill que ele não está autorizado a usar a ocasião para mostrar seus pontos de inovação de liderança que todos já ouviram; e pediu à Jessica para abandonar os aspectos cansativos do *storytelling* de suas contribuições.

Você até já confirmou a ideia de incluir alguns funcionários de potencial, promissores, em sua reunião com a equipe central de liderança. Tendo executado repetidamente os cenários em sua mente, você está satisfeito com a decisão de incluir alguns rostos novos à sala. Rostos novos significam mentes e opiniões novas. Formas novas de pensar são necessárias, e, francamente, você não vê nenhum dos membros da equipe de gestão a longo prazo contribuindo com novas ideias.

Então você se senta, trinta minutos antes do início da reunião, olhando fixamente para o bloco de notas à sua frente — com a seguinte frase "Como alcançaremos o sucesso dessa vez?" — e pensando: "Será que realmente fizemos uma diferença da última vez? Realmente transformamos as coisas no ano passado?".

O espaço abaixo da frase está em branco? Será que ele contém alguns tópicos rasos? Ou está cheio de clareza, expectativa e declarações orientadas para os resultados que são pontos para guiá-lo pela reunião de planejamento?

Você tem um conjunto de conversas específicas e guiadas que resultarão na criação da melhor estratégia? Se não conseguir enxergar essa página cheia de ações específicas, então continue lendo — corajoso líder — é hora de começar a trabalhar hoje para que **você possa estar pronto para esse dia num futuro próximo!**

Sua equipe é dona do negócio?

Lembre-se: uma das maiores armadilhas na qual os líderes caem quando estão sob pressão é repetir a tão chamada sabedoria convencional ou as melhores práticas dos outros. Embora essa abordagem possa funcionar em algumas situações muito isoladas, sua reunião de estratégia não é o momento de recuar das novas ideias mais ousadas. Você e sua equipe precisam ser os donos do negócio. Digo, trabalhar como se fossem os donos. Como se você e a equipe tivessem que responder por quaisquer obrigações. Como se precisassem responder, em casa, tanto pelos resultados a curto prazo quanto pelo crescimento necessário, escalabilidade e rentabilidade para financiar as prioridades da família (as questões básicas da vida, educação, aposentadoria, assistência médica, diversão etc).

Você competiria de forma diferente?

Como você criará uma equipe estratégica, pronta para a ação, comprometida em ser a dona do negócio e viver com os resultados? Como sua equipe fará a diferença, transformará o *status quo*? Como ela animará as pessoas para se manterem produtivas, alcançarem a excelência, vencerem no mercado e terem margens suficientes para financiar a inovação?

Os membros de sua equipe estão dispostos a investigar e explorar como tornariam a vida da sua organização miserável se fossem os concorrentes? Você vai ajudá-los a entender como reagir? Eles entenderão a alegria de ajudar outras pessoas em sua empresa a competir para vencer? Você se lembra dessa alegria? Líderes reais engajam outros para competir *no* trabalho como se estivessem *fora* do trabalho. Eles ajudam as outras pessoas a experimentarem a diversão de tentar, adaptar e ter sucesso no local de trabalho... e de engajar o espírito competitivo que às vezes está escondido!

Comece com os clientes

Faça com que as energias de todos voltem-se para os **clientes** e para os clientes dos seus clientes. É fácil ficar preso às minúcias da organização.

Ela está saturada de personalidades, política e processo. Não esqueça que a única razão de a organização existir é para servir ao cliente!

Você pode construir o produto mais legal ou oferecer o melhor serviço, mas se isso não agrega valor ao seu cliente, por que gastar recursos preciosos para levá-lo ao mercado? Isso não quer dizer que deve deixar a inovação de lado — na verdade, o trabalho de sua equipe é antecipar as necessidades dos clientes e criar um impacto no mercado que pode nunca ter existido. Você vê sua equipe progredindo, alcançando o cliente ainda mais longe do que nunca, ao falar sobre estratégia? Caso contrário, ajude-a. Modele o esforço; cite alguns exemplos. Ajude a equipe de liderança a ver o potencial de sucesso e significado no mercado!

Esta é uma maneira de verificar seu trabalho: na metade da reunião de planejamento — conforme a apresentação for acontecendo e as pessoas estiverem se sentindo bem sobre o progresso e pararem para o almoço — faça uma rápida revisão da lista. Quantos dos resultados do brainstorming apontam diretamente para uma necessidade do cliente? Se não for a maioria, talvez você precise fazer uma mudança de direção. Se for, então parabenize a equipe!

Cada plano que você faz deve, de alguma forma, até mesmo em quatro níveis abaixo da hierarquia, atender às necessidades dos clientes ou dos clientes deles. Se você não consegue fazer isso, então coloque na lista "a ser corrigido". Sim, não há ideias ruins no brainstorming. Há, no entanto, ideias que não o identificarão como alguém que faz a diferença em seu mercado. Você pode querer separá-las para desenvolvê-las mais tarde!

Lembre-se dos concorrentes

Mais uma vez, considere a **concorrência**. Mesmo que não consiga vê-la, ela está lá fora observando-o e aprendendo com suas tentativas, tribulações e sucessos. Se sua equipe *realmente* compreendeu e abraçou o pré-trabalho para a reunião de estratégia e explorou totalmente as oportunidades do cliente, então falar sobre a competição deve ser uma conversa animada. Desafie o grupo a construir estratégias reais para *vencer*. Discuta seu STWO (forças, ameaças, fraquezas e oportunidades) na nova ordem de montagem. Seu tempo deve ser gasto desenvolvendo estratégias para mitigar as ameaças e maximizar as oportunidades. A estratégia equilibrada reconhecerá a existência dos aspectos positivos e negativos do cenário competitivo.

Tenha a mentalidade de liderar intencionalmente ou acompanhar as vantagens competitivas. Você já ouviu o termo *fast follower*? A empresa que implementa essa estratégia espera que outras suem um pouco para que ela não tenha que pagar o preço de desenvolvimento, implementação e recuperação quando as coisas não saírem de acordo com o plano. É uma boa estratégia se a mitigação de riscos for o motor principal da sua organização.

Ajudamos um de nossos clientes, uma grande organização de serviços financeiros, a entender o cenário competitivo e como ser um *fast follower* para levar produtos ao mercado funcionaria a seu favor. Este conhecido cliente internacional usou a velocidade para o mercado como uma vantagem competitiva de baixo risco, abraçando a parte "*fast*" do *fast follower*. Ele melhorou os lucros já respeitáveis em 150 por cento durante o período estratégico *e* conteve o risco em um mercado muito volátil. Não foi uma façanha pequena!

O tabuleiro de xadrez multidimensional estratégico

Lembre-se, este é um jogo de xadrez com ataques, contra-ataques e ajustes de movimentos. Você deseja pegar os participantes do mercado desprevenidos nem que seja por um curto momento! Ao combinar a visão do cliente e da concorrência, você começará a enxergar melhor a **situação do mercado**. Você pode pensar nisso como um tabuleiro de xadrez multidimensional no qual sua organização joga todos os dias. Assim como um jogador de xadrez, sua empresa deve olhar para todo o tabuleiro.

Peça que sua equipe considere seus próximos três movimentos em vez de simplesmente o próximo passo. Qual será a reação de sua concorrência? Que movimento farão a seguir? Como os clientes reagirão? A indústria vai mudar debaixo do seu nariz? Como você vai responder? Continue fazendo perguntas até que você e sua equipe fiquem satisfeitos de terem antecipado todos os cenários, positivos e negativos e realmente virem a situação comercial da forma como a concorrência atual e a potencial fariam.

Muitos líderes se arrependem desta falta de análise completa e lamentam durante a metade do ano seguinte sobre as consequências não intencionais e imprevistas de suas estratégias. Como qualquer ecossistema natural, o mundo dos negócios tem reações iguais e opostas quando você introduz um novo componente (ou elimina um já existente). Ajude os membros da equipe a pensarem nesses potenciais. Se você sente que eles não estão mergulhando fundo o suficiente, empregue a técnica dos Cinco Porquês — continuar perguntando "por quê" cinco vezes até que a verdadeira razão venha à tona. Irritante? Claro. Necessário? Absolutamente!

Vencer é muito mais do que um jogo — na estratégia, vencer é a realidade

Finalmente e o mais importante, os indivíduos de sua equipe têm a **intenção de vencer**? Quero dizer, *vencer* no mercado! A Masters Alliance se envolveu com mais de 2.200 executivos — por meio de discussões individuais, entrevistas e intensos esforços de equipe — a respeito de suas esperanças e seus desejos para as organizações. Estes clientes eram os melhores de suas áreas, eram verdadeiramente excelentes. No entanto, mesmo que não tenhamos feito nenhuma pergunta diretamente sobre vencer, ficamos chocados (e um pouco consternados) que apenas sete dos 2.200 expressaram sua intenção de vencer. Isso é menos de um por cento!

É razoável você perguntar a sua equipe se eles têm a intenção de vencer. Se não puderem olhá-lo diretamente nos olhos com um ressoado sim, colocando suas bonificações em risco, então você tem mais trabalho a fazer!

Estes quatro pontos — atenção intensa ao consumidor, viver como a concorrência, compreender e antecipar a situação do mercado em movimento e ter a intenção de vencer — **devem ser o que está escrito em seu bloco de notas para a visão futura de sucesso estratégico.** Se tiver essas questões como guia, se sairá melhor do que a maioria dos líderes em sua situação. Estratégias emocionantes obtêm resultados. Elas o ajudarão a atingir seu potencial máximo, desbloqueando o poder estratégico que está dentro da empresa. Crie uma cultura de combate estratégico; elimine esses obstáculos ao sucesso!

FAÇA MAIS AGORA!

Cenário da vida real para o próximo capítulo

Mark e Allison estavam em um jantar no hotel Marriott em Austin, Texas. Era o terceiro dia de uma longa viagem na maratona da semana de visitas a oito locais em três cidades. Faltavam apenas dois dias...

— A única coisa mais cansativa do que estas viagens — suspirou Mark —, é fazer um relatório com as mesmas coisas que descobrimos durante o último ano. Mais uma vez, os concorrentes estão agindo com as oportunidades de alto potencial que identificamos anteriormente: obtendo a atenção dos clientes, para potencialmente transformar a forma como eles podem fazer seus negócios e fazer negócios com os clientes de seus clientes.

— Você se lembra daquela noite na churrascaria de Kansas City, quase um ano atrás? Estávamos tão entusiasmados com as descobertas de nossos clientes que fomos os últimos a deixar o restaurante.

— É claro — respondeu Allison. — Mal podíamos esperar para encontrar os próximos clientes para ver se estavam expressando as mesmas frustrações. Até pegamos um voo mais cedo na manhã seguinte!

— E aqui estamos nós agora. Aconteceu alguma coisa? Você se lembra do envolvimento de todos quando relatamos nossas descobertas pela primeira vez? E quando confirmamos nossas descobertas em viagens subsequentes?

Mark sentiu que a raiva da falta de ação preencheu-o novamente. Ele havia perdido a maior parte da tolerância com a disposição de sua organização para discutir, ponderar e estabelecer metas e depois deixar que a inércia habitual tomasse conta.

— Temos que ir com tudo e continuar caminhando ou assistiremos outras pessoas fazendo o que deveríamos ter feito muito antes!

Surpreendentemente, Allison expressou uma frustração semelhante. Ela até admitiu que estava pensando em deixar a empresa.

CAPÍTULO 11

A velocidade é poderosa! Chegue ao futuro a tempo!

VEJA OPORTUNIDADES, TOME UMA ATITUDE!

Faça mudanças reais e obtenha resultados — rapidamente! Se o pensamento de **um impulso energético duradouro, um padrão agressivo e a habilidade de tomada de decisões rápidas para beneficiar os clientes** é muito desconfortável, então continue lendo.

Quando discutimos as condições do mercado com os líderes, fazemos perguntas para descobrir o que realmente está acontecendo.

"Quais são as novas expectativas dos clientes em sua área?"
"Por que é diferente agora?"
"Qual é a nova definição de alto desempenho?"
"Onde está a dificuldade?"
"O que a concorrência está fazendo melhor do que você?"
"O que o está atrapalhando de competir de verdade?"

As respostas deles ilustram algumas lacunas comuns:

1. **Antecipação** — rápida compreensão das necessidades emergentes dos clientes

2. **Liderança** — criar a necessidade junto aos clientes; estimular a demanda (fazendo com que os clientes entrem em contato, que queiram algo que foi oferecido)

3. **Velocidade** — resposta rápida ao que precisa ser feito

Qual é o resultado? As organizações precisam capitalizar sobre as conexões e conhecimentos dos clientes e precisam fazer isso imediatamente! Perceba antes, aja com mais rapidez e **faça as coisas acontecerem — mais rapidamente e melhor!**

Sua equipe está pronta?

Essas mudanças exigem energia e entusiasmo. Sua equipe está pronta para o trabalho? Se você sente que sua energia está diminuindo durante as reuniões executivas e na sala de diretoria, sabemos como é. Em vez de se sentir energizado para liderar a equipe, você sente que está passando os dias puxando ou empurrando-os para a ação. Estes são alguns outros sinais de que sua equipe precisa de um empurrãozinho:

- Você vê os membros da equipe como supervisores altamente especializados na manutenção do *status quo*.
- Sua equipe *fala* sobre liderança inovadora, mas não surpreende os clientes nem antecipa as necessidades deles.
- Os membros de sua equipe não obtêm os resultados que precisam no tempo necessário para serem considerados de alto desempenho ou altamente competitivos.
- Não importa se você instiga ou ameaça, bajula ou recompensa, você obtém o mesmo efeito.
- O progresso é lento.
- Há uma falta de urgência dos novos mercados em sua equipe, estendendo-se por meio de uma organização miseravelmente engajada.
- Você se preocupa com o fato de os clientes começarem a ver menos inovação, capacidade de resposta e motor competitivo. Eles podem até esperar menos de sua empresa.

Você gostaria de encontrar uma maneira de criar uma faísca, de conseguir movimento, de libertar sua equipe dos limites incrementais do *status quo* — para realmente alcançar seu potencial. Você tentou tudo e o progresso é muito lento!

Veja o futuro

Imagine um dia em que você veja a mudança que está procurando em sua equipe. Você percebe uma diferença nas palavras que os membros usam para falar sobre os negócios, os funcionários e os clientes. Eles passaram das revisões de planos para as ações... da negatividade para a positividade... do pessimismo para a esperança... para o entusiasmo. Em vez de estarem falando sobre "nós", estão falando de "**ideias de mercado**". Em vez de discutir os "nossos problemas", eles destacam "**nossas oportunidades**".

Os líderes começam a passar mais tempo com pessoas diferentes, fazendo coisas diferentes. Suas reuniões são sobre as boas respostas dos clientes e atitudes, em vez das razões pelas quais eles estão parados no mesmo lugar. Em vez de listarem os bloqueios para a ação, eles começam a derrubá-los. Falam de maior alcance, aprendizagem e conquistas — não como uma tarefa, mas como uma nova maneira de realizar o trabalho. Seus funcionários falam sobre a mudança. Seus clientes sentem uma diferença.

Parece um sonho, não é mesmo? Pode ser a sua nova realidade. Vamos discutir dois conceitos comprovados para mostrar que uma nova realidade está, definitivamente, ao seu alcance.

Velocidade de meia-vida dobrada para a inovação

O conceito de pensar sobre o ideal, o melhor resultado possível, o avanço mais notável — mesmo o conceito BHAG (*Big Hairy Audacious Goal*, ou o grande objetivo audacioso, em tradução livre) de Jim Collins — não chega perto do poder da meia-vida dobrada. A meia-vida dobrada muda tudo. Ela parece um pensamento impossível, risível, até mesmo estúpido.

O que é? É reduzir qualquer situação até o básico da inovação pela metade do tempo e depois reduzir à metade novamente — requerendo não mais do que um quarto do tempo considerado normal para criar novos conceitos e inventar coisas. E há um incentivo. A meia-vida dobrada alcança resultados raramente vistos em transformações ou ofertas de serviço.

Metade do(a)...

- preço
- impacto ambiental
- uso de energia
- tempo de instalação
- custo
- necessidade de manutenção

E o dobro da...

- qualidade
- velocidade
- produção
- eficiência

Você entendeu onde quero chegar. É um pensamento completamente novo. Combine o poder da admiração infantil, uma atitude de meia-vida dobrada e uma conexão intensa com os clientes e os clientes dos clientes... e ideias estratégicas viáveis de produtos e serviços aparecerão nos quadros. Sem estes ingredientes, adivinhar é trabalho demais sem nenhum resultado inovador.

Use sua experiência, seus instintos e sua análise informada para orientar decisões sobre as oportunidades mais viáveis — depois, não antes, das discussões de meia-vida dobrada!

Velocidade de execução

As evidências são claras. Temos trabalhado com clientes ao redor do mundo para mudar a forma como pensam sobre a velocidade do trabalho e da execução. A mudança vem do uso de uma **metodologia comprovada** que concentra as equipes na ação acelerada. Chamamos isso de **Fast Start/Fast FinishSM.** Durante nosso trabalho com a Microsoft na Europa, eles chamaram isso de **Fast TrackSM**. Usando essa metodologia, eles...

- reduziram o ciclo médio de vendas de um produto/serviço importante de cinco para dois meses.
- reduziram o tempo médio de espera do call center do suporte técnico de três minutos ou mais para trinta segundos (apesar de um aumento drástico da demanda e um aumento de pessoal de apenas cinco por cento).
- simplificaram a distribuição ao deixar os processos de atualizações mais simples para os clientes, passando de 21 opções para três.
- melhoraram a receita e a participação no mercado.

A metodologia é projetada para quebrar os hábitos de conforto em todos os níveis da organização para um resultado que consiga realizar as coisas de maneira mais rápida, mais eficiente e com melhores resultados.

A chave é pensar em obter resultados em um **período finito** — cem dias para ser exato! Ao longo de três fases distintas, as equipes concentram-se em ir direto ao assunto em vez de começar lentamente. Uma vez que o cliente ou a oportunidade/problema de mercado tenha sido identificado, os líderes recrutam as pessoas certas e depois se afastam, confiando nas equipes para fazer o trabalho. Conforme as equipes se orientam para esta nova forma de pensar, são encorajadas a romper com seu mindset atual, resolver problemas antigos de forma mais rápida e criativa e seguir para novas oportunidades de novas maneiras.

Embora a metodologia tenha uma estrutura flexível, ela é rígida o suficiente para garantir que as decisões sejam tomadas e colocadas em prática. As equipes identificam e desencorajam o trabalho que não contribui para o resultado final. Uma mentalidade "certo-versus-perfeito" encoraja as equipes a avançar rapidamente em direção ao progresso. Isso é reforçado com um modelo de empoderamento que deposita confiança nas mãos daqueles que trabalham mais perto do cliente.

A base da metodologia **é a rapidez e o foco em clientes, concorrentes, oportunidades de mercado, engajamento de fornecedor e envolvimento executivo.** Os fundamentos do sucesso são o curto prazo para obter resultados, pouco processo estruturado, revisões executivas e papéis de equipe específicos e de responsabilidades.

A velocidade dos resultados previstos é tão atrativa que mesmo o mais ocupado dos funcionários quer se voluntariar para participar de equipes de aceleração. Aqueles que performam melhor sempre querem andar mais rápido do que a cultura permite. Muitos outros têm um forte desejo de fazerem algo acontecer, de serem relevantes, mas, de alguma forma, têm sido desencorajados.

Não há compromisso para **acabar a tempo.** Não há tempo a perder; há uma expectativa de descobertas, decisões e ações. É realmente um processo acelerado — o tempo não espera por ninguém neste modelo de realização de cem dias. Descobrimos que isso quebra o hábito de atrasar as reuniões até que "todos cheguem". Se você tem equipes altamente engajadas, onde a confiança corre desenfreada, as decisões podem ser feitas sem quórum. Os membros da equipe prosperam com esta nova mentalidade e você os verá adotando o comportamento para outros esforços de trabalho. Os líderes começam a ver uma mudança na organização, uma nova cultura — uma força incontrolável no desenvolvimento e engajamento do funcionário.

O processo se torna uma força incontrolável

Uma organização estava no meio de uma série de esforços Fast Start/Fast FinishSM quando foi adquirida por outra empresa. Depois que a empresa adquirente disse à organização para desistir das atividades dessas iniciativas, os líderes da equipe continuaram por baixo dos panos... usando a nova metodologia para obter resultados sem o aval de sua nova equipe de liderança sênior. Eles não estavam dispostos a voltar aos velhos hábitos por causa dos resultados que tinham visto com esta nova maneira de fazer o trabalho.

Usando um cômodo não utilizado que ficava escondido atrás da sala de correio como central de controle, as equipes estabeleceram iniciativas, responsabilidades e progresso e realizaram reuniões individuais sobre o status da equipe. Eles completaram com sucesso suas iniciativas de impacto para o cliente e foram reconhecidos pela capacidade de alcançar resultados em meio a um ambiente de aquisição relativamente tóxico. E todos sobreviveram às mudanças abrangentes da liderança.

A ideia de uma equipe se rebelar ou a colaboração com um concorrente no espírito do bem comum o assusta? Se sim, talvez você não esteja preparado para este tipo de mudança. Talvez não esteja buscando uma equipe de liderança que tenha um padrão voltado à ação, levando a um impacto positivo ao cliente e ao mercado.

Se você está realmente pronto para ver uma diferença em sua organização... desde os altos executivos até o andar de atendimento ao cliente — vamos continuar conversando.

Compromisso de liderança e cruzamento funcional — uma outra visão

Outro elemento de sucesso é o impacto de unir pessoas que talvez não tenham trabalhado juntas no passado. É energizante ver **as pessoas se engajarem e aprenderem sobre outras áreas funcionais enquanto trabalham em conjunto** para abordar, rapidamente, oportunidades/ questões dos clientes e dos mercados. É também revelador enxergar como aqueles considerados funcionários de alto potencial se envolvem, lideram e atuam.

É ainda mais chocante ver **participantes externos de vários setores nos esforços de mudança de mercado!** Recentemente, vimos conversas revolucionárias, sinceridade e ações de concorrentes presumivelmente rigorosos para alcançarem um bem maior na área de assistência médica. No início, os participantes estavam relutantes, excessivamente cautelosos e pessimistas. Nunca tinham visto tal progresso em uma velocidade tão acelerada. Funcionou tão bem que o sucesso foi apresentado em um comunicado de imprensa do cliente e confirmado por uma avaliação de impacto quantitativo de uma associação industrial!

O que você pode fazer...

Ainda que seja muito incômodo ou difícil vender a ideia de infringir as regras, tomar uma medida e enviar um novo sinal de urgência para seus pares, este modelo de extraordinária velocidade de implementação pode ser o ideal para você. Resultados rápidos persuadem efetivamente a expansão cooperativa. Você só precisa fornecer a liderança, dar os passos e transformar sua organização com novas energias.

Pense nos resultados de nossos outros clientes, tais como lançar seu novo canal dois anos antes do planejado, reduzir o custo unitário em trinta por cento ou ser reconhecido como o fornecedor número um por seu maior cliente. Estas organizações relataram que a abordagem da velocidade de realização foi revolucionária, mudando sua cultura de dentro para fora. Ajude sua equipe a pensar e liderar de maneira diferente — implemente esta nova forma de pensar em sua organização. Atingir um ganho de desempenho significativo a partir de um avanço de conhecimento dos consumidores, clientes e mercados é contagiante e extremamente atraente aos outros.

Chame a atenção dos clientes com uma rapidez incomum. Ajude-os a ver a diferença e a acreditar que há algo sendo preparado em sua organização. Faça isso agora!

Cenário da vida real para o próximo capítulo

Jonathan chegou à Sala de Conferências do Sunrise, uma sala desgastada ocupada por uma mesa, algumas cadeiras, um quadro branco, alguns cavaletes para apresentações, um marcador e uma tela de exibição muito pequena. Isso o desanimou. O objetivo da reunião era identificar novas formas de criar interesse dos clientes em extensões de produtos. Ele tinha feito algumas anotações na noite anterior no escritório de casa, esperando que as ideias vindas de diferentes equipes pela manhã fossem emocionantes.

De repente, sua amiga, Brittany, espreitou pela porta, surpresa em vê-lo.

— Jon? Eu não sabia que você trabalhava aqui!

— Quando você começou? — perguntou ele. Eles se lembraram de terem trabalhado juntos há alguns anos em um momento de turbilhão de novos pensamentos criativos, testes inovadores e de entusiasmo de conectar-se com os clientes e competir nos mercados.

Brittany perguntou a Jonathan sobre suas expectativas para a "sessão de ideias" daquela manhã. Sua resposta não era o que ela esperava.

— Esta organização espera que tudo o que façamos seja perfeito. Deixe-me explicar: primeiro, passamos dias tentando antecipar as necessidades de documentação de muitos líderes. Segundo, tudo é muito complicado. Terceiro, não podemos tentar coisas novas sem obter múltiplas aprovações. Quarto, o pensamento demasiado prejudica o controle de cenários. E quinto, ficamos tão engessados que às vezes esquecemos do cliente. Não é como no tempo em que trabalhávamos juntos! ***Nós não medimos apenas duas vezes e cortamos uma — medimos vinte vezes e frequentemente não cortamos nada...***

CAPÍTULO 12

"O certo versus o perfeito" é mágico

 MASTERSALLIANCE.COM

ISTO PODE SER UM CHOQUE PARA VOCÊ

Você pode até me acusar de heresia comercial. Resumi a ideia logo no início do capítulo: a perfeição não é importante se você nunca conseguir fazer nada. Não deixe que a perfeição entre no caminho do que é certo. Para mim, a evidência é clara: pessoas atenciosas, conhecedoras e comprometidas conseguem realizar as coisas rapidamente e com um alto grau de excelência, fazendo-as "corretamente".

Elas são aquelas de desempenho *certo* versus *perfeito*!

Liberdade para fazer as coisas

O conceito *certo* versus *perfeito* é muito libertador. Ele concentra a pressão sobre as coisas necessárias naqueles que mais precisam delas. Ele se concentra nos destinatários do esforço, os consumidores dos resultados e na satisfação dos usuários finais. O resultado? Maior criatividade e inovação, e, como resultados adicionais de sucesso, maior gratificação... e consideravelmente menos frustração. E, sim, o *certo* versus o *perfeito* faz com que as coisas sejam melhor realizadas, além de mais rapidamente e com mais praticidade para aqueles que são mais importantes. É a abordagem de senso comum para a excelência.

Os líderes não têm ideia da cegueira que causam na sua organização quando exigem perfeição sem balancear os desejos reais do cliente e a periodicidade agressiva. Eles não entendem que um investimento em padrões restritivos de qualidade pode levar a comportamentos que sabotam sua vantagem competitiva. Esqueceram como é entregar um produto que emociona seus clientes, mas que fizeram seus engenheiros resmungarem e seus advogados acelerarem o ritmo de aprovação.

Achamos que é hora de reexaminar o caso para uma cultura empresarial *certa* versus *perfeita*. Veja algumas percepções sobre isso.

Implicações perigosas

A partir de um artigo do *Chicago Tribune* do fim de 2018, concluímos que o perfeccionismo está causando um sofrimento real para jovens realizadores. O perfeccionismo cria padrões irreais e pode gerar ansiedade, depressão e até mesmo ideações suicidas. Um desejo irracional de realização perfeita pode ser impulsionado pela percepção de expectativas excessivas dos outros — e a conectividade e expectativas de resposta das mídias sociais atuais podem acrescentar combustível ao incêndio. O desejo de saber tudo pode se tornar obsessivo, diminuindo nosso tempo e liberdade para entrar em contato e trabalhar em soluções criativas de equipe.

O *certo* versus *perfeito* trata-se de...

- **fazer as coisas**; tentar/testar as coisas; assumir riscos controláveis; superar medos e agir.
- **estar disposto a perceber** oportunidades de melhoria apesar das muitas restrições (muito trabalho, muitos problemas, muitas aprovações etc)... e continuar seguindo em frente de qualquer forma, proporcionando liderança.
- **deixar de lado o medo** de parecer estúpido, de ser desrespeitado ou que se ressintam por mexer em coisas que seria melhor serem deixadas de lado... e realizar de qualquer maneira.
- **considerar e relacionar-se aos pontos de vista de outros** (por exemplo "Por que alguém não faz algo a respeito disso? Tem que haver uma maneira melhor")... e usá-los como impulso para mobilização.
- **envolver os observadores** como forças de mudança; lembre-se de que eles reparam porque se preocupam com algo e estão insatisfeitos; reconhecem que ainda, ou recentemente, não experimentaram o furor, a alegria e a satisfação de melhorar com sucesso alguma coisa... e fazer isso acontecer.

- **confiar nos outros** para saber o que precisa ser feito, como fazê-lo bem e como tornar os resultados escaláveis e sustentáveis.

O *certo* versus *perfeito* não se trata de...

- **diminuir** os padrões (por exemplo, a indústria farmacêutica ou aeroespacial).
- **esquecer-se** de lutar pelo melhor.
- **eliminar** a busca pela perfeição onde ela é necessária (indústrias farmacêuticas, salas de cirurgias, área aeroespacial etc.)
- **desacreditar:**

— Em melhorias contínuas; ISO; Gestão de Qualidade; prêmio Malcolm Baldrige National Quality; Six Sigma.

— Em precificações no formato *Good-Better-Best;* ***atualizações; padrões elevados; teoria de contabilidade gerencial DIRTFT (acrônimo em inglês para "faça corretamente na primeira vez").***

Exemplo do cliente

Não acredita que é possível ter uma equipe mais engajada, clientes mais felizes e uma velocidade mais rápida para o mercado? A seguir conto uma história de como uma empresa aplicou alguns princípios de certo versus perfeito e ainda manteve a alta qualidade em seus resultados.

Situação: *A AlliedSignal Aerospace Inc. estava utilizando 112 mil peças individuais em uma iniciativa aeroespacial extremamente complexa,* *envolvendo 7.500 funcionários, seis sindicatos internacionais e uma fábrica de quase três milhões de metros quadrados. A organização tinha um histórico de alto desempenho e liderança excelente, tendo mantido, por vinte anos, o primeiro lugar na indústria, com 92 por cento de sucesso em entrega em prazo. Jack Knuth, o presidente da empresa, sabia que precisava atingir um novo nível de desempenho para manter sua posição de liderança competitiva. Uma melhoria drástica no tempo de entrega era necessária, mantendo a qualidade "perfeita" exigida em certas partes da indústria aeroespacial.*

1. A equipe administrativa sênior concordou em apostar toda sua bonificação que conseguiriam a excelência... em apenas seis meses! A gerência do nível seguinte, 170 supervisores e mais de oitocentos engenheiros, cientistas e outros profissionais se engajaram no objetivo.

2. Todos os funcionários começaram a participar de grandes reuniões e grupos de discussão para identificar quais objetivos individuais e coletivos poderiam ser alcançados. Jack concordou em beijar um pato se os níveis de excelência da empresa fossem atingidos (focada principalmente em cem por cento de pontualidade de entrega).

3. Foi estabelecido um "centro de comando de remoção de barreiras" com reunião todas as terças-feiras, às 16h, para a qual qualquer empregado ou gerente era convidado a participar, comer um pouco de pizza e falar sobre uma barreira que tentaram remover, mas precisavam de assistência da administração acima. Nas primeiras semanas, a fila ia até o fim do corredor e dobrava a esquina, as reuniões se prolongavam pela noite.

4. Um ramal foi criado para requisições de funcionários. A equipe de alta gerência tornou-se o "esquadrão de remoção de barreiras" com a promessa de responder a todas as solicitações em 24 horas, com responsabilidades rotativas a cada dia. Depois de um tempo, supervisores, gerentes e VPs aprenderam a ouvir melhor e a remover barreiras antes que elas ganhassem a atenção dos executivos.

5. Seis meses após o início do esforço, a entrega dentro do prazo atingiu 99,89 por cento e permaneceu acima de 99 por cento pelos anos seguintes. Todos nós sabemos que a entrega pontual pode ser alcançada com um aumento dos custos, redução da qualidade e aumento da produção de lixo, porém essa organização o fez com redução das qualidades acessórias, redução de sucata e aumento zero em horas trabalhadas!

6. Todas as excelências propostas foram alcançadas. Como resultado da celebração, Jack de fato beijou um pato nas costas. Em uma declaração de um funcionário do sindicato em um auditório com centenas de pessoas: "Eu posso me meter em muitos problemas, mas agora que me escutam e me permitem fazer melhorias, não quero trabalhar de outra forma."

A sua organização consegue realizar as coisas?

Ajude sua organização a obter uma vantagem competitiva. Inicie com conversas investigativas. Faça perguntas como...

- Nossa organização realmente performa com qualidade mundial?
- O que está nos impedindo de atingir este alto nível de desempenho?

- Quais são os nossos maiores obstáculos para alcançar um alto desempenho?

Uma vez que todas as sutilezas e respostas padrão forem empurradas para fora do caminho, comece a investigar o porquê da questão. *Por que não somos uma organização de alto desempenho*? Uma resposta muito comum ao terceiro, quarto ou quinto porquê é realizarmos muito pouco, não conseguirmos fazer as coisas rapidamente ou o que fazemos não estar mais atualizado com o momento.

Os líderes consideram a qualidade e a perfeição como o motor do porquê precisam agir devagar para lançar as coisas ao mercado. Então, faça uma pergunta radical: "Por que ficar obcecado com a perfeição quando o *certo* o fará atender o mercado mais rapidamente, entusiasmará os clientes e ganhará vantagem competitiva?". Tudo que foi aprendido em um mundo de método Six Sigma, de Gestão de Qualidade e de ISO impulsiona os líderes em direção à *perfeição*. A angústia da perfeição aparece quando a busca da consciência pela excelência é confrontada com a aptidão natural e o desejo inerente de ser perfeito antes de tomar uma decisão.

No início do movimento de gestão de qualidade, W. Edwards Deming deixou claro que a qualidade tinha a ver com estatisticamente eliminar empecilhos de variância de limites definidos por um objetivo necessário — não que todas as variações seriam removidas (uma tarefa impossível). Certifique-se de que seus objetivos de qualidade sejam *certos* e não *perfeitos* — certos para o cliente, o mercado e o maior impacto competitivo positivo!

O que você pode fazer...

Você deseja realizar mais coisas, tentar/testar, assumir riscos controláveis, superar medos, agir... ver mais liderança em todos os níveis da organização? Quer uma base de funcionários e clientes mais engajada? Deseja aliviar o fardo da perfeição quando não for necessário? Explore como uma abordagem de *certo* versus *perfeito* para a vantagem competitiva pode funcionar em sua organização, fornecendo ferramentas e estrutura que ajudem a equipe a pensar e liderar de maneira diferente. Seguem algumas ideias para ajudá-lo a começar:

1. Sua organização tem uma boa compreensão das necessidades dos clientes?

2. As equipes oferecem soluções que antecipam ou criam necessidade para os clientes?

3. Você, como líder, encoraja inovações disruptivas? E outros líderes?

4. Vocês estão obcecados com a perfeição em seu processo de ideação ou de implementação?

5. Sua organização apresenta um padrão de comportamento voltado para ação e senso de urgência, levando rapidamente as ofertas ao mercado? Teste sua equipe com um "barômetro de coisas realizadas".

6. Teste sua organização em uma "escala de urgência de melhoria".

Cenário da vida real para o próximo capítulo

Logan e Adrienne estavam se lembrando das iniciativas emocionantes em que trabalharam juntos — as diferenças que fizeram e a satisfação pessoal que obtiveram pela coragem de iniciar algo que precisava ser feito.

Enquanto lembravam, eles mencionaram várias situações e oportunidades em que não se envolveram ou embarcaram, como desenvolver um novo produto de sucesso, consertar certo problema que ninguém queria consertar, encontrar-se com certo cliente temido...

Megan ouviu e perguntou:

— Por que não fazem essas coisas agora? O que os está impedindo? Vocês parecem se arrepender de não terem agido e perdido momentos. Então, me expliquem. Eu quero entender.

— Bem — respondeu Adrienne —, parece que ninguém está realmente interessado em melhorar as coisas ou pensar em novas oportunidades. Parece que as pessoas se esqueceram do furor de se conectar com os clientes de maneiras únicas e competir nos mercados. Há também muitas barreiras, riscos e incertezas. Há tão poucos vencedores, tão poucos incentivadores.

Megan sugeriu que eles criassem o próprio furor — a própria visão de melhoria e engajamento do cliente.

— Como você suporta desperdiçar energia remanescente quando há tantas oportunidades urgentes para que alguém com sua experiência, conhecimento e visão tome alguma atitude?

— Quanto tempo se passou desde a última vez que realmente tentamos dar esse primeiro passo? — Logan perguntou a Adrienne. — Estamos realmente esperando que outras pessoas nos ajudem a ficar animados? Isso nos ajuda de alguma forma?

Então Megan fez a pergunta-chave:

— Como posso ajudar...?

CAPÍTULO 13

Liderar e realizar sem arrependimentos

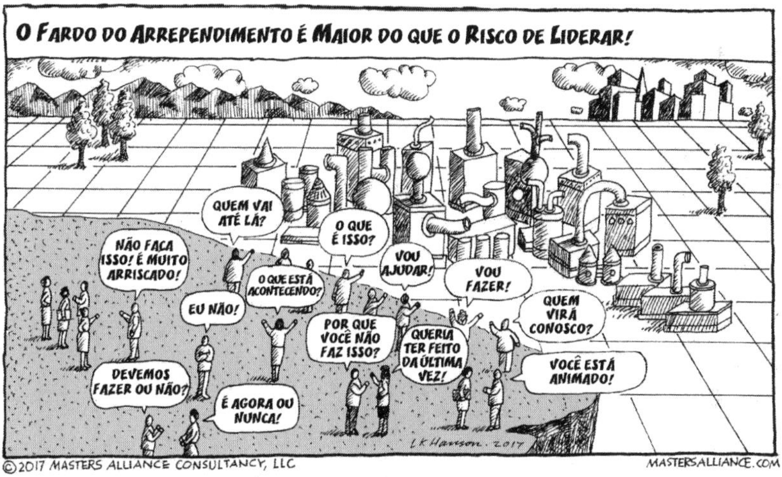

OPORTUNIDADES PERDIDAS: O QUE NOS IMPEDE DE FAZER ALGO EM RELAÇÃO AO QUE VEMOS?

Todos liderando... poderia ser simples assim? Não importa em que nível da organização você trabalha, todos os dias há uma infinidade de oportunidades para tomar atitudes relevantes. Mas quando é a hora certa? Qual é o caminho certo? Qual é a abordagem certa? E se os outros discordarem?

Todas essas são preocupações legítimas. Todos nós nos arrependemos por não falarmos, não engajarmos outras pessoas ou não pedirmos a ajuda delas para agir. Talvez nós estivéssemos muito cansados, muito ocupados ou muito receosos de falhar.

Você nasceu para agir ou desenvolveu esta capacidade? Já sabemos que uma combinação de saber (bom para puristas, pesquisas etc), ver (observar — usando a intuição) e experimentar coisas (experiência — todos nós temos... lembre-se que ela começou no jardim de infância) é tudo de que realmente precisamos para enxergar algo que vale a pena ser liderado. É verdade — cada um lidera em cima de alguma coisa!

E se a Nike tiver razão? E se precisarmos somente fazer, "*just do it*"? Apenas aparecer e nos manifestarmos? E se liderar fosse apenas tomar providências ou tomar uma posição? É possível que liderar não seja tanto como uma arte ou uma ciência, mas a coragem de fazer a coisa certa. Um pensamento provocador — uma simples hesitação pode ser o principal inimigo da liderança.

Quando você está pronto?

A liderança não pode ser simplesmente "fazer algo", certo? E quanto a toda a preparação, todo o treinamento, todas as habilidades listadas em tópicos nos livros e artigos? É claro, instrução formal e treinamento farão de você um líder melhor. Você também pode aprender com os outros, reduzir erros estúpidos, desenvolver novas habilidades e aperfeiçoar as antigas. Mas como realmente saberá quando está pronto?

Você não vai saber. Não há um teste simples; não há um padrão universal. A oportunidade se apresentará e caberá a **você** assumir o risco. Se prestar atenção, observar e ler cada situação, verá estes momentos como oportunidades para fazer algo significativo — para demonstrar suas capacidades de liderança, mesmo aquelas temporariamente escondidas ou negadas.

A liderança é um músculo — use-a mais

É importante lembrar ativamente aqueles momentos em que você somente fez algo e esteve presente como o líder de que todos precisavam. O tamanho ou impacto da ação não faz diferença... é a memória de tentar que abre a porta para oportunidades de liderança, que fazem a diferença e realizam feitos muito mais emocionantes e gratificantes. A liderança é um músculo que se desenvolve com o tempo. É uma surpresa agradável quando você faz a diferença por simplesmente agir, quer esteja ou não em posição de autoridade.

Depois de algumas repetições, os padrões superam os métodos, as ferramentas e as técnicas que outros utilizam para realizar coisas. Você aprende a aplicar aquilo que lhe parece mais adequado. Você pode pegar algumas dicas de livros e artigos, mas o valor maior vem de tentar e fazer — porque agora você está curioso, você acredita e está interessado no refinamento. Você está focado em coisas que realmente farão a diferença.

Lembre-se: é difícil negligenciar este músculo. Não há como interromper a prática a partir do momento em que você a inicia. O crescimento e a eficácia da liderança vêm de apenas fazer isto em situações cada vez mais desafiadoras e complexas. Quando você percebe coisas que precisam ser feitas e não consegue descansar até realizá-las. Quando você chega a esse ponto e está prestes a desistir de seus esforços — vai perceber que precisará trazer alguns dos colegas para esta jornada. Olhe com cuidado ao seu redor. É provável que haja pelo menos uma pessoa ou uma organização que concorde com seu ponto de vista (geralmente muito mais de um concordam, mas não estão dispostos a declarar isso). Deixe-os participar de sua liderança e seus dias se tornarão mais satisfatórios e menos dolorosos. A liderança é um esporte coletivo.

O que o impede de fazer alguma coisa em relação ao que você vê?

Na verdade, é muito simples — tem a ver com sua motivação e onde você busca o sentimento de realização. Como você responderia a estas duas perguntas?

1. Você depende dos líderes em sua organização para sua realização e diversão no trabalho?

OU...

2. Você está liderando e ajudando outras pessoas a alcançarem maior diversão e realização no trabalho?

Se você respondeu "sim" à pergunta um, deve começar a pensar em como pode aproveitar todas as oportunidades emocionantes e gratificantes apresentadas na pergunta dois.

Todos podem fazer isso... e alguns se surpreendem com o prazer e a valorização de outras pessoas.

Princípios simples e úteis

Pondere sobre o fato de existirem alguns princípios comuns que ajudam a classificar rapidamente o "yin e o yang" da ação e da inação — a diferença entre experimentar satisfação pessoal e desejar que alguma coisa tivesse sido feita.

Princípio #1: tenha um propósito benéfico em mente

Foque a melhoria da situação para os outros — amigos, constituintes, clientes, pacientes, fornecedores e até mesmo adversários. Descreva a situação com lógica, paixão e compaixão. Coloque na mente dos outros uma visão para resultados melhores; descreva o que está acontecendo e o que é possível. Deixe que preencham os espaços em branco com as próprias ideias sobre o que pode ser possível. Lembre-se, a liderança é um esporte coletivo. Você pode preparar o palco, mas não canta as canções.

Princípio #2: relaxe, aproveite o processo e aprenda superando obstáculos

Muitas vezes é melhor agir do que se arrepender por não ter feito nada. Alguma vez você olhou para trás e identificou uma ação de liderança que se arrependeu de ter tomado? Provavelmente. Mas você realmente espera tornar-se um líder melhor, experimentar a alegria de realizar coisas *e* fazer isso perfeitamente todas as vezes? Espero que não! Realizar tarefas de forma rápida e eficaz, enquanto se diverte, depende muito da atitude dos que lideram. Eles criam a expectativa de realização e a satisfação de correr atrás de algo, mesmo cometendo alguns erros ao longo do caminho.

Princípio #3: conduza o processo, mas deixe que os participantes definam a agenda

Você é o iniciador e organizador da resposta a uma situação, problema ou oportunidade, mas não é o dono! Seus colaboradores são os verdadeiros donos. Você ganha reconhecimento como o líder do esforço ao mesmo tempo em que conduz os colaboradores ao longo das definições, tempo/urgência, abordagens/estratégias e ações necessárias para atingir as metas dentro do intervalo de tempo necessário. O prazo pode ser crítico, portanto, pergunte aos seus colaboradores: "Qual é o tempo de realização que, se excedido, lhes deixariam mais frustrados e infelizes?". Trabalhe a partir disso para realmente captar sua urgência.

Princípio #4: esteja disposto a parar, deixando as circunstâncias seguirem

Talvez o problema ainda não tenha se manifestado completamente ou não esteja suficientemente pronto para a ação. Muitos podem estar repensando a premissa para a ação, absorvendo as responsabilidades de participação ou as consequências de evitá-la. Ajude outras pessoas a concluírem que você está lá para ajudar a mudar as coisas ou facilitar a obtenção de um resultado positivo, mas que, na verdade, são eles que podem decidir se a situação é suficientemente importante ou urgente para um envolvimento contínuo. (*Quando os outros aceitam a ideia de que você está disposto a deixá-los determinar a urgência e a importância, por mais importante que a situação seja, invariavelmente decidem fazê-lo também!*)

Princípio #5: celebre e reconheça os sucessos

Se a oportunidade ou o problema fosse uma prioridade óbvia para todos e simples de ser abordada... provavelmente isso teria sido feito há muito tempo. É quase certo que haverá obstáculos para superar ao longo do caminho. É fundamental colocar o foco no sucesso da superação e não nas dificuldades que podem aparecer à frente. Lembre-se de nosso velho amigo "impulso". Muitas das barreiras previstas parecem desabar misteriosamente à medida que as outras pessoas veem o progresso e decidem embarcar. Portanto, divirta-se, sorria. Elogie e reconheça os outros. Lembre-se do Princípio #1.

Alguns exemplos dos clientes

Essas pessoas corajosas decidiram "*just do it*" (apenas fazer) sem nenhuma garantia de que daria certo, mas com uma forte convicção de que era necessário e a coisa certa a se fazer.

Lembra-se de **Norma**, que enfrentou um trabalho difícil supervisionando a equipe de limpeza noturna de um grande hospital com muito pouco suporte?

Apesar de estar no mesmo ambiente que as outras áreas, ela sempre teve as instalações mais limpas, a equipe com o moral mais elevado e a maior valorização dos médicos e enfermeiros. Norma pediu permissão e apoio do CEO para mostrar aos outros como o sucesso poderia ser alcançado em suas áreas. Seus esforços se tornaram essenciais na transformação cultural de todo o hospital.

Lembra-se de **Tom**, que foi encorajado a expressar abertamente sua opinião sobre barreiras à excelência, oportunidades de melhoria, e como ele poderia agir pessoalmente? Ele fez mais. Deu o exemplo, avaliando e tomando medidas na indústria aeroespacial, um ambiente rigoroso com supervisores antigos e valores tradicionais. O resultado? Pura excelência: métricas mais altas e de maior qualidade, fluxo mais rápido, menos lixo produzido e maior moral e entusiasmo.

E havia a **Doris**, que teve a coragem de discordar do CEO de um grande varejista regional e se comprometeu em alcançar o que ele considerava ser uma tarefa impossível? Ela sabia o que estava falando, sabia que os outros sentiam-se da mesma forma e fez uma lista mental de outros participantes dedicados. Ela manteve a sua posição porque o desafio era a coisa certa a fazer. E tinha ideias de como fazer isso. Foi feito e o CEO declarou: "Os resultados comerciais foram notáveis.".

Tomando providências

Surpreenda-se com suas histórias de sucesso!
Identifique e avance rapidamente sobre as oportunidades de excelência e vantagem competitiva. Apenas faça. Ajude os líderes (e líderes em potencial) a pensar de forma diferente sobre os fundamentos da ação para um resultado que faz a diferença, e que talvez seja a coisa certa, até mesmo transformadora, a ser feita.

LIDERE COM IMPACTO — TRANSFORME

Cenário da vida real para o próximo capítulo

Lisa conheceu Sandeep em uma conferência da associação ao norte de Atlanta, no fim de setembro. Ambos estavam agendados para falar durante o segundo dia. Ambos lideravam suas organizações como CEOs.

— Como você está? — perguntou Sandeep.

— Até que estou bem, mas um pouco cansada... talvez até com um burnout. — A resposta de Lisa foi enigmática.

Surpreendentemente, Sandeep respondeu da mesma forma. Já que eles estavam em um intervalo de meia hora, Lisa sugeriu que saíssem para o terraço.

Sandeep pegou uma cadeira de frente para o lago e disse:

— Como é que nós chegamos a este ponto? Como atingimos nossos objetivos e ainda assim ficamos dessa forma? — Essa era uma pergunta que ele não havia expressado antes. Que o assustou. Ele não havia tomado o tempo necessário para considerar a situação de sua liderança.

Lisa descreveu seu dilema. Um membro da diretoria a estava pressionando para realizar várias iniciativas piloto no mercado; enquanto isso, outros estavam querem que ela cortasse mais despesas para cumprir as metas. E ainda tinham os analistas. Eles questionavam principalmente sobre o financeiro, mas alguns estavam começando a questionar os mercados e a vantagem competitiva.

Sandeep simpatizou com a situação. Era desgastante...

CAPÍTULO 14

Existe um hiato de habilidades na C-Suite?

ONDE ESTÃO OS DIRETORES DE INVESTIGAÇÃO DE OPORTUNIDADES, OS DIRETORES DE REMOÇÃO DE BARREIRAS, OS DIRETORES DE ENTUSIAMO?

A falta de habilidades é um tópico controverso que tem consumido muito espaço nos debates atuais. Ela continua sendo um dos assuntos mais falados entre os líderes empresariais, especificamente como está prejudicando a capacidade de nos mantermos competitivos na região, nas plataformas nacionais e globais. Tradicionalmente, este problema se concentra nas funções e capacidades mais técnicas dentro de uma organização. As preocupações envolvem a capacidade de gerar inovação; de traduzir as pesquisas inovadoras em produtos e serviços para o mercado; e de efetivamente fabricar e entregar as ofertas de alta tecnologia. Independentemente da situação, acredito que seja hora de **olharmos para outra parte da empresa** com estes mesmos questionamentos em mente.

Uma brecha crítica

Em nosso trabalho de consultoria abrangendo vinte indústrias, vimos uma deficiência de habilidades diferentes. Ela está no **C-level e no nível logo abaixo**. Não é tanto uma deficiência de habilidades baseadas no conhecimento ou mesmo uma incapacidade de produzir resultados financeiramente sólidos. É muito mais básico do que isso. A deficiência que vimos é que muitos executivos se esquecem ou nunca aprenderam os fundamentos comerciais básicos — incluindo os dos próprios negócios! Isto é o que se aprende no programa de trainee de gestão enquanto se está na fábrica durante as primeiras quatro semanas. É a experiência que você obtém quando passa quatro semanas recebendo ligações de clientes e solucionando as reclamações deles.

É a diferença entre aprender sobre propostas de valor em seu curso de marketing avançado... e realmente trabalhar no andar de vendas, ajudando o cliente a entender por que seu produto atende a uma necessidade que ele ainda não compreende. É a lacuna entre a busca de resultados financeiros e a busca de clientes satisfeitos e funcionários felizes. Esta deficiência tem implicações reais para o sucesso e a sobrevivência de sua empresa.

Houve um boom na concessão de diplomas de MBA nos Estados Unidos. Esse parece ser o caminho mais rápido para os gerentes de alto potencial e universitários recém-formados aumentarem seus níveis de compensação. A maioria dos líderes percebeu que o ROI sobre isso era quase garantido. O que estas organizações não perceberam foi o preço a longo prazo de pagar seu talento de alto potencial para ir à sala de aula em vez de ir para o chão de fábrica ou para a mesa de serviço aprender como tornar a empresa mais bem-sucedida financeiramente.

Esse preço veio na **perda de contato com o mundo real do atendimento às necessidades dos clientes.** Saltar sobre as dificuldades que seus antecessores passaram faz com que esta nova geração de líderes tenha, muitas vezes, as credenciais de um sênior líder..., mas que falte a ela a experiência do mundo real de começar em um programa de treinamento de nível básico, enfrentando clientes reais com cobranças. Isso deixa muitas organizações em uma posição frágil e os líderes estão começando a se perguntar: "Como volto no tempo e, rapidamente, capacito a liderança com o básico?".

Cuidando de clientes e funcionários

Não estou falando de um curso executivo de atualização de estratégica. A lacuna que precisamos fechar é da **compreensão dos líderes sobre a importância de cuidar dos clientes e funcionários** (mesmo que seja necessário abrir mão de uma parcela da margem). Isso significa oferecer um serviço ou produto de excelência de acordo com o cliente e não com a equipe de marketing.

Devemos reaprender a noção básica de que, se você cuidar do cliente e entregar valor, a margem e o lucro virão.

Também vale ressaltar que dar a seus funcionários a autoridade para fazer a coisa certa tem um retorno notavelmente forte na lealdade do cliente. Funcionários felizes e motivados se traduzem em clientes felizes. Clientes felizes significam negócios repetidos. Negócios repetidos significam mais vendas com menos investimento para concretizá-las.

Por favor, não pense que sou contra os programas de MBA ou não acredito no valor da educação formal e do desenvolvimento para os líderes; isso é fundamental para fornecer uma base forte e informada. **Mas esse conhecimento não pode ser usado em um vácuo** — devemos preparar nossos futuros líderes com uma mistura de experiência do mundo real em todos os níveis organizacionais, usando a quantidade certa de educação formal como base.

Fechando a lacuna

Qual é a solução para fechar a lacuna? Não podemos voltar no tempo e enviar toda a equipe de liderança de uma organização para o andar de vendas por um mês. Mas podemos começar a abordar o problema. Ajudamos equipes executivas de todo o mundo a mudar a mentalidade a respeito dos clientes, dos funcionários e das estratégias. Nós as ajudamos a olhar para seus mercados, clientes, fornecedores e concorrentes de maneira diferente para voltar ao básico — *rapidamente*! Ajudamos os líderes seniores a verem, sob uma nova luz, a experiência daqueles que estão mais perto dos clientes, mercados e concorrentes.

Você mesmo pode começar esta jornada. Dê os primeiros passos, criando um ambiente seguro, real, no qual os **líderes possam reconectar suas mentes**. Resolva problemas reais que suas empresas estão enfrentando. Identifique e rapidamente aproveite as oportunidades para obter vantagem competitiva. Isso é a combinação de uma visão focada no mundo real e um modelo de aprendizagem baseado na ação que ajuda os líderes a pensar de forma diferente sobre o básico de liderar uma organização.

1. Identifique os dez principais clientes do negócio como um todo; depois identifique os dez primeiros de cada grupo empresarial, unidade ou centro de lucro. Pergunte-se como está fazendo a diferença para eles — como os está ajudando a alcançarem seus objetivos e os objetivos de seus clientes (ou como não está).

2. Intencionalmente, determine-se a compreender vários segmentos de clientes — quem são, por que são do jeito que são, o que os fazem funcionar.

3. Determine quais fornecedores são mais inovadores e contribuem mais para o sucesso da organização. Pergunte por que e como eles estão fazendo isso e por que outros não estão.

4. Reserve algum tempo para pensar de forma diferente. Ouça seus pensamentos; abrace novos pontos de vista.

5. Use o MBWA para obter as opiniões dos clientes associados e dos membros da equipe voltada para o fornecedor. Encontre o que realmente está acontecendo; descubra as maiores barreiras ao seu sucesso e às oportunidades que estão sendo perdidas. Pergunte-lhes o que os anima em seu trabalho e o que realmente os incomoda.

6. Teste sua organização em uma **Escala de melhoria de urgência**.

7. Crie discussões e permissões transparentes **sobre a remoção de balde das cabeças**!

8. Teste-se em um **Barômetro de excelência**.

9. Identifique suas melhores práticas disruptivas para as propostas de valor para o cliente, a vantagem competitiva e o impacto no mercado. (Nota: é aí que se encontram as margens!)

Seja um observador

Isto não é um apelo ao excesso de envolvimento ou à interferência dos executivos com aqueles que cumprem a visão, implementam estratégias e realizam no dia a dia. Mas os líderes precisam ser observadores, e isso é mais do que enxergar e ficar conectado. É captar as vibrações, é ter um entendimento que vai além dos relatórios, da pesquisa, das apresentações, é interpretar o que está nas entrelinhas, ler a situação e imaginar o que ela poderia ser.

Trata-se de ver as barreiras sobre as quais outras pessoas não estão discutindo, de identificar oportunidades que não estão vendo ou sobre as quais não estão falando por medo de estarem errados. Os líderes são os *diretores de remoção de barreiras*, *diretores de investigação de oportunidades*, *diretores de entusiasmo*, e sim, os *diretores de observação*. Eles buscam implacavelmente o que está acontecendo e por quê.

Lembra-se de Bill, um cliente CEO da conhecida empresa internacional de alimentos? Ele era realmente um bom observador, mas sabia que sempre poderia ter ajuda para observar mais. Depois de termos mergulhado na organização com uma técnica de Descoberta Rápida, ele afirmou: "Você descobriu mais sobre nossa organização do que queríamos saber, mas nós agimos nessas descobertas com grandes resultados.".

Caminhar e mastigar chiclete ao mesmo tempo... liderar e observar

Para liderar e observar, pode ser necessário um ajuste quando comparado a uma carreira de envolvimento operacional. Como o presidente Jack Knuth, da AlliedSignal Aerospace, disse-me uma vez: "Sou um dos melhores engenheiros, reconhecedores de problemas e identificadores de solução da empresa — agora devo obter reconhecimento e satisfação pessoal dos meus esforços de liderança. É um ajuste, liderar outros e ajudá-los a perceber as coisas!".

Em uma entrevista à *Harvard Business Review*, Lars Rebien Sørensen (CEO da Novo Nordisk A/S, uma grande multinacional farmacêutica) declarou: "Trabalho para esta empresa há 34 anos. Eu costumava ser líder operacional. Mas tive que me transformar, para deixar de ser muito bom no que eu estava fazendo na área técnica, com conhecimento e domínio, para ser um generalista — e ser constantemente desafiado".

Confira

Em que situações você estava com um balde em sua cabeça? Onde e quando você tem um balde em sua cabeça atualmente? Outros em sua equipe têm baldes nas cabeças?

Cenário da vida real para o próximo capítulo

Prezado Sucessor,

Ao assumir minhas responsabilidades, desejo-lhe o melhor, e o encorajo a refletir acerca de algumas coisas que não consegui finalizar — algumas delas estão em progresso e outras em uma trajetória de sucesso. A bola está com você agora, então utilize essas reflexões como desejar, mas o objetivo delas é oferecer incentivo e um pouco de orientação para algumas circunstâncias atuais e futuras.

Seja corajoso. Por favor, continue e complete todos os esforços que estão em andamento atualmente e que se alinham aos objetivos e ao benefício do cliente, da organização, das pessoas e de outros componentes críticos. Desejo-lhe ainda mais compreensão dos interesses de clientes, mercados, concorrentes, associados e outros.

Por favor, sinta total liberdade para questionar a todos sobre:

- O que fazemos aqui que não faz sentido ou que contribui para a criação de barreiras?

- O que estamos deixando passar com clientes e fornecedores que obteria uma vantagem competitiva?

- Como podemos gerar energia ou um padrão para a ação?

- Quais são as mudanças necessárias de maior prioridade?

Ah, e uma última coisa — comece a preparar seu sucessor e a preparar-se para seu sucessor desde o primeiro dia!

CAPÍTULO 15

Sucessão: mire naqueles com joelhos esfolados, não fique em terreno seguro

* Na imagem, está desenhada a palavra *Sucession* **(Sucessão)**

SE NÃO FOR MELHOR DO QUE VOCÊ, VOCÊ FALHOU!

Em nossos trinta anos de trabalho com clientes em muitos países, há uma questão muito importante que raramente vem à tona. Mas deveria. E, embora não se fale sobre isso, ela está sempre presente. Como forasteiros, podemos vê-la de forma muito clara. É a questão de quem é quem na sua estrutura organizacional, seu grupo de liderança e seu futuro. Qual é a conversa que ninguém quer ter? *O planejamento da sucessão.*

Por que esta conversa é tão ignorada, tão frequentemente adiada e tão completamente evitada? Porque representa uma mudança. O legado que você deixa ao passar para seu próximo cargo provavelmente será tão impactante (ou até mais) do que a última estratégia que você levou seis meses implementando. Embora uma mudança bem planejada na liderança seja uma tarefa altamente crítica, nós não a priorizamos em nossas longas listas de afazeres. Por que não?

Muitas vezes estamos tão estreitamente ligados àqueles ao nosso redor que não vemos a oportunidade de levar nossa organização para o próximo nível. Ficamos onde é seguro. Esquecemos um pouco da energia irreverente que trouxemos ao cargo quando fomos promovidos. Esquecemos que não éramos perfeitos — tínhamos caído, esfolado os joelhos e levantado para o sucesso!

Dificuldades de discussão/decisão

O planejamento da sucessão pode ser muito pessoal e emocional. Identificar as causas potenciais de dificuldades comuns facilitará esse processo.

O conflito entre seguir em frente e fortalecer seu legado.

Vamos encarar a realidade: é mais divertido seguir em frente do que escolher e preparar um sucessor! Seja o seu próximo passo um novo cargo, uma nova empresa, seja uma nova fase de vida, essas oportunidades são emocionantes e as expectativas são grandes. O desejo de chegar ao próximo desafio (e talvez deixar para trás alguns difíceis negócios inacabados) pode ajudar a superar qualquer arrependimento de separação com sua equipe atual. No entanto, transições esclarecidas e habilidosas requerem certo planejamento intencional, disciplina e responsabilidade.

O medo de cometer um erro crítico versus uma transição pacífica e satisfatória.

A decisão de sucessão é uma das decisões de liderança mais solitárias e mais importantes que você precisa tomar em qualquer uma de suas funções. Pode ser que você tenha sido promovido muitas vezes, mas quantas delas esteve profundamente envolvido na decisão de substituição? Você experimentou esta oportunidade de fazer uma diferença verdadeira? Você conseguiu? Como sabe? Como planeja fazer melhor da próxima vez? Quem precisa estar envolvido?

Muito cansado deste caos para enfrentar um último desafio.

Você travou uma boa luta. Já experimentou e tentou muitas coisas — algumas com sucesso, outras nem tanto. O progresso tem sido doloroso, mas às vezes muito gratificante. Você ganhou resistência, mas ainda há muito mais a fazer. Você sabe que pode tomar as decisões sucessórias difíceis mais livremente no momento da saída. Vale a pena a angústia? Ou você vai se arrepender mais tarde se não as fizer?

Foco no que está em jogo nos negócios

Planejar sua substituição é mais importante do que seu legado pessoal, pois significa mais do que "continuar um grande trabalho", "manter a trajetória ascendente", ou qualquer um dos outros argumentos frequentemente usados para obrigar os líderes a priorizar a atividade. **O planejamento sucessório**

trata-se de chegar ao próximo passo com seus clientes e engajar seus funcionários contra a concorrência em um nível totalmente novo. É uma forma totalmente nova de amar seus clientes e sua equipe. E, se você escolher bem o sucessor, isso dará uma oportunidade de fazer algumas coisas que nunca teve coragem. Se você concorda, como pode começar? O que vem em seguida no processo de planejamento?

Seus colegas de recursos humanos devem ter alguns critérios na escolha de seu sucessor e eles o aconselharão a iniciar o processo o mais cedo possível. Tendo trabalhado com centenas de líderes, de todos os níveis de habilidade e caminhos de vida, temos uma longa consideração para você: escolha alguém que é **tão bom** que o deixa desconfortável — alguém que você tem certeza de que fará um trabalho melhor do que você, mesmo que as circunstâncias piorem. Tenha a coragem de entregar as rédeas àquele que jogou duro, esfolou os joelhos e continuou — e o tempo todo incentivou os outros a fazerem o mesmo. Esta não é a hora de ir à escolha segura, por mais tentadora que ela seja!

Pode ser que fique preocupado com sua reputação. O que vai acontecer se esta nova pessoa for melhor do que você? Isso é um motivo a ser comemorado, não lamentado! As qualidades da pessoa que você está preparando para substituí-lo, para herdar sua posição e suas responsabilidades, diz mais sobre você do que sobre o sucessor ou a equipe. Essas qualidades declaram como você e os outros veem o futuro da organização. Os verdadeiros elogios vêm a partir da constatação de que aqueles que o substituem são tão melhores do que você — que estão eclipsando tudo o que você conseguiu, mas da melhor maneira possível!

A segurança não é segura

O balanço final de seu sucessor será medido muito mais tarde, quando ele escolher o próprio sucessor e permitir aos próximos níveis dessa substituição se sobressaírem e eclipsarem. Se você não pode suportar a ideia de alguém o substituindo e fazendo uma diferença maior, pare de ler e escolha alguém conhecido — bom o suficiente, mas não tão bom assim. É uma escolha segura.

No entanto, afirmo que este não é o momento de ficar em território seguro. Não importa o que seus pares, equipe ou conselho de administração lhe digam. Resista à tentação de deixar que se desenvolva um caminho de "herdeiro-aparente". Nós acreditamos que este processo tradicional é muitas vezes seguido não porque obtém resultados, mas porque é o mais confortável e previsível; parece que ele minimiza os problemas e reclamações. Nosso mundo complexo requer que rompamos com o critério tradicional de sucessão. A sucessão baseada na permanência só serve à organização quando o herdeiro é a pessoa certa para o trabalho.

Seu sucessor deve refletir como você atravessou e fez a diferença na organização. Ele não deve ser uma versão diluída de suas contribuições comerciais — na verdade, ele deve ser o auge de seu sucesso! Mais importante que isso, o caminho seguro nem sempre é o mais popular e pode criar mais reclamações do que o esperado. Por exemplo, um membro mais fraco da equipe tenderá a se conformar com seu lugar, enquanto um membro mais forte atualizará o currículo!

Mas o melhor caminho cria uma dinâmica positiva. Os que estão sendo conduzidos ficarão entusiasmados e um pouco receosos ao verem novos caminhos para a conexão com o cliente e impacto no mercado sendo abertos. Os membros exemplares da equipe vão querer ficar e os de baixo desempenho podem querer partir.

Impacto da equipe

Se você acha que uma ruptura com a abordagem tradicional de sucessão pode causar perturbação em sua equipe, não se preocupe. Se você escolher a pessoa certa, os outros ficarão. Isso pode, no entanto, causar atrito naqueles que estavam esperando a vez na fila de promoção. E não há problema — vamos ensinar as gerações mais jovens sobre lealdade. Hoje sabemos que a lealdade da empresa é conquistada, não é uma garantia. Como se ganha? Alinhando as oportunidades certas com o talento certo... não importando onde eles se encontram na escala da sucessão

Se seus membros de alto talento e potencial o virem fazendo uma decisão de sucessão, eles ficarão. Se virem que estão engessados na organização (ou seja, não vão a lugar algum), vão pular para outra empresa o mais rápido possível.

Como ponto de partida, você precisa dar uma olhada franca em sua equipe. Você está totalmente satisfeito ou há algo mais que precisa ser feito? Você realmente tem uma equipe de alto desempenho? Como sabe? Ela, de alguma forma, torna a vida dos clientes mais simples, mais produtiva e mais gratificante (ou, em um cenário business-to-business, lhes dá uma vantagem competitiva)?

Equipes de alto desempenho não são estáticas, independentemente de seu nível organizacional. Se você não vê espaço para melhorias na equipe ou sabe que ainda há muito a ganhar, a resposta é a mesma: é melhor elevar a exigência de desempenho para seu substituto.

Procure por mais alternativas

Afinal, qual é a alternativa para o caminho tradicional? O que você precisa procurar? O mais importante, **não seja típico. Não** procure **alguém típico.** Novamente, procure a pessoa que, quando esfola o joelho, levanta-se e continua a andar, e não a pessoa que rapidamente culpa alguém por ter caído. Procure a pessoa que assume os riscos antecipadamente e muitas vezes, não a pessoa que tem medo de dar más notícias. Procure a pessoa que tem um impulso genuíno, não a que diz todas as coisas certas. Não se contente com a pessoa que gasta tempo e energia em excesso fazendo você parecer bem. Em vez disso, procure aquele que tem uma reputação estelar para garantir que algo esteja sempre sendo produzido em uma organização, mesmo que não trabalhe diretamente para você no momento. Olhe para o exterior e para o interior.

Mergulhe fundo... encontre a pessoa real

Somos todos diferentes. Temos visões, conjuntos de habilidades e motivações únicas. Estamos interessados em coisas diferentes, respondemos às circunstâncias de maneira diferente e pensamos as coisas de maneira diferente. Precisamos aceitar isso nos outros — para valorizar as diferenças, não apenas tolerá-las. Somente então veremos além da aparência, veremos a pessoa real. É a pessoa real, e somente ela, que deve ser considerada para tomar conta de sua atual responsabilidade com o sucessor.

E quanto aos que querem agradar, os imitadores, aqueles que trabalham para espelhar nossa natureza para serem valorizados e escolhidos para algo importante? Enxergue através desse cenário perguntando a eles: "Por que esta oportunidade é importante para você? Por que você prefere isso? Por que isso o entusiasma?" (É o status? É o esperado?).

Quando você finalmente tiver um vislumbre da pessoa real, engaje-se! Lembre-se, estamos todos em construção, portanto nem mesmo nós conhecemos plenamente nossa pessoa real a todo momento. Há algo incrível em ter um verdadeiro vislumbre de uma pessoa..., mas você também deve compartilhar isso com si mesmo. Quanto melhor for nossa própria abertura e compartilhamento, mais revelador será o vislumbre dos outros.

Após reunir sua lista de candidatos verdadeiramente qualificados (e você deve ter mais de uma opção — senão, não procurou suficientemente), pergunte-se:

1. Eles estão preparados para uma batalha competitiva no mercado e para ajudar outros a fazer o mesmo?
2. Ajudam as pessoas a crescer, aprender e alcançar seu verdadeiro potencial?
3. Você os escuta falando de clientes com paixão e defendendo o que os clientes precisam, esperam e merecem da empresa?
4. Eles respeitam os fornecedores e esperam grandes coisas deles?
5. Você os ouve desafiar as suposições, perguntando "Por quê?" mais de uma vez? Eles procuram por respostas?
6. Eles conseguem dar más notícias com a mesma habilidade que dão uma boa notícia?

7. Eles estão entusiasmados para preencher respeitosamente seu cargo até mesmo melhor do que você?

Enquanto responde a essas perguntas sobre seu candidato, reflita sobre as seguintes citações de líderes:

Os bons funcionários desistem quando a administração é ruim.
Os maus funcionários desistem quando a administração é boa.
Peter Drucker

Um chefe verdadeiramente bom é difícil de encontrar, difícil de se separar e impossível de esquecer.
Brigette Hyacinth

Alguns podem ver a sucessão como algo mais crítico no topo de uma organização. Mas será verdade? Outros grupos não são ainda mais essenciais para o envolvimento, aquisição e manutenção dos clientes — e a competição no mercado? A sucessão é importante para toda a organização! Portanto, faça-a bem, dê toda a sua atenção.

Procure por coração — procure por alguém que faça a diferença

Algumas características não podem ser identificadas simplesmente por meio de perguntas. Vejamos dois exemplos interessantes...

Adam Thielen, wide receiver **do Minnesota Vikings, time da NFL:** Mike Zimmer, técnico dos Vikings, (quando perguntado se, no primeiro treinamento da equipe, ele tinha esperado que Thielen fosse selecionado para o Jogo das Estrelas da liga): "Não, provavelmente não. Mas eu não conhecia seu coração [naquela época], agora eu conheço".

Alex Stalock, goleiro reserva do Minnesota Wild, time da NHL: Comentários de colegas de equipe: "atitude realmente forte e positiva... você quer dar o seu melhor para ele e quer vê-lo vencer"; "dá tudo de si em cada treino... ele se importa e quer fazer todos melhores".

Pense nos substitutos potenciais. Você pode ver seus dois melhores candidatos refletidos nestas palavras? Se não tem certeza, deve mergulhar mais fundo! Vá além com os candidatos para descobrir do que são realmente feitos. E se nenhum deles alcançar suas aspirações... bem, você precisará iniciar a busca novamente. Não é um processo para os fracos, não é? Muitos que estão à beira da transição estão cansados e desgastados ou mesmo com remorsos e relutantes. É um ótimo ponto para começar antecipadamente, quando tem a energia e está disposto a fazer um esforço extra! Não é melhor planejar sua transição enquanto está cheio de entusiasmo e energia, com esperanças do que o futuro guarda para você?

Lembre-se: durante sua transição, você é o diretor de entusiasmo, o diretor de moral e o diretor de antecipação. Não estrague tudo. Aproveite isso; ajude sua equipe e outros a desfrutá-lo. **Faça disso o seu melhor momento** — um que o faça olhar para trás com orgulho, que você possa usar como exemplo para treinar outros para o sucesso! Mostre quem você realmente é — divirta-se um pouco e vá em frente!

Cenário da vida real para o próximo capítulo

Jennifer e Luigi se conheceram na pós-graduação. Eles tomaram caminhos distintos em suas carreiras, passando por uma variedade de experiências e sucessos. Uma tarde, os dois se esbarraram em um café. Em vez de voltarem rapidamente para o trabalho, demoraram alguns minutos para colocar o papo em dia.

Luigi notou que Jennifer estava distraída.

— Tem muita coisa preocupando-a, Jennifer?

— Ah, desculpe, sim. Fui convidada para fazer parte de um conselho administrativo como o membro mais novo. É uma grande empresa, mas não tenho certeza de como vou agir... estou me perguntando se terei que engolir minha paixão e opiniões para me encaixar.

E em outro cenário...

Mary estava sentada ao lado de George, como eles costumavam fazer nas reuniões de conselho:

— Como você acha que serão as coisas quando Jennifer se juntar a nós? — perguntou ela. — Você se lembra de seu primeiro conselho? Como você acha que devemos ajudá-la a começar?

— Bem, ela terá que prestar atenção e aprender como se faz.

— Mas, George, não é assim que a geração dela faz as coisas. Ela pretende contribuir. Lembra-se da entrevista dela? Falou várias vezes sobre os clientes, as transformações deles e como impactá-los melhor.

— Mary, espere até ela sentir o gosto do mundo real. Primeiro precisamos lidar com o lento crescimento dos ganhos.

CAPÍTULO 16

Conselhos: aceitem a mudança!

HÁ MAIS EM RELAÇÃO À RESPONSABILIDADE FIDUCIÁRIA!

As coisas melhoraram desde que você se juntou ao conselho administrativo? Você está fazendo a diferença na vida dos clientes, na energia dos colaboradores, no engajamento de fornecedores, na valorização da comunidade e na confiança dos investidores? Está impactando positivamente os mercados e outros constituintes? Você está fazendo com que a concorrência perca o sono? Se não estiver, você está culpando sua equipe de liderança? A economia? O tempo? Se não estiver se olhando no espelho, está entendendo errado!

Quando a confiança e as classificações dos clientes estão em baixa, o conselho deve sentir a angústia dos clientes, não apenas dos líderes e associados. Ele deve sentir uma compaixão fiduciária por aqueles que estão fracassando (e muito menos superando) no atendimento das expectativas dos clientes. Quando fornecedores estão proporcionando menos inovações — e estão sujeitos a margens que amortecem seu entusiasmo em servir a organização e fazer a diferença para os clientes — os membros do conselho não deveriam olhar apenas para a liderança, mas também para si mesmos. Finalmente, e talvez o mais importante, quando a taxa de rotatividade de funcionários da organização aumenta (ou permanece extremamente baixa), a diretoria deve questionar a verdadeira dinâmica de funcionários e seu papel na situação.

O dilema do conselho

Já estive, trabalhei e apresentei para conselhos; atualmente, faço parte de dois. Nos últimos trinta anos, já trabalhei com mais de 2.200 executivos seniores, internacionais e nacionais, como parte do meu trabalho de consultoria. Estes clientes também estiveram, lideraram e apresentaram para conselhos. Mas a responsabilidade clara e robusta ainda é um dilema — provavelmente porque a natureza da relação conselho/organização é de governança, muitas vezes caracterizada por focar a responsabilidade fiduciária. Esta responsabilidade é normalmente concentrada na integridade financeira e na prevenção de riscos.

O poder do pensar diferente

Albert Einstein não inventou a teoria da relatividade somente com matemática. Ele o fez por curiosidade em relação à gravidade e à aceleração e como esses dois pontos podem funcionar juntos. Afinal de contas, eles são forças equivalentes com diferentes experiências e nomes. Para confirmar a teoria, ele empregou a matemática em situações suficientes para que ela fosse adotada como verdadeira. As diretorias também precisam pensar de maneira diferente e ajudar suas organizações a pensar diferente.

Portanto, modele sua dinâmica de pensamento sobre mercados, comportamento de clientes e intenções da concorrência primeiro. *Em seguida*, use a matriz de dados e métodos estatísticos disponíveis para apoiar, refinar, ou ajustar as observações e percepções. Insista tanto no pensamento crítico quanto na análise robusta para construir uma visão do futuro.

As atividades do conselho geralmente aceitas não são aquelas que fazem uma pessoa acordar cedo, com dificuldade de conter sua empolgação para se envolver nos eventos do dia. Se os membros de um conselho não concordam em ajudar a fazer a diferença no mercado, com os clientes e com os associados — resultando em desempenho notável — então por que estão entusiasmados em fazer parte dele? Se um conselho não se dedica principalmente à criação de valor para todos os constituintes, pode haver algo errado com a seleção/processo de nomeação!

É responsabilidade de uma diretoria ajudar organizações e líderes a pensar, enxergar e agir de um jeito diferente. É obrigação da diretoria, sim, a responsabilidade fiduciária, levar a organização e seus líderes a usar este pensamento diferente na descoberta de oportunidades únicas para a transformação do mercado e criação de vantagem competitiva — não apenas usar as palavras que todos usam, mas realmente cumpri-las!

Agora estamos nos entendendo: algum entusiasmo, coisas dignas de se levantar e buscar. Ser campeões e promotores, engajando a organização nos benefícios empolgantes de diferentes abordagens — para valorizar e recompensar o poder de pensar e fazer diferente — é estimulante. Experimente, continue trabalhando nisso e colha as recompensas.

Campeões da diferenciação

Vamos olhar para um fundamento do desempenho e para um ingrediente essencial de qualquer esforço bem-sucedido do grupo — um *objetivo* acordado, de alto impacto, que faz a diferença, transforma e engaja. A base de qualquer objetivo emocionante é um novo estado visionário para mercados, clientes, fornecedores, comunidades, associados e investidores — algo que cause alguma angústia, que capture seu subconsciente e ocasionalmente que o acorde no meio da noite com algum novo pensamento ou solução emocionante — que "ilumine" você e outros.

Já se passou tanto tempo assim? Você já se esqueceu do que se trata? Se isso é apenas uma vaga lembrança para você como membro do conselho, como acha que os membros da organização se sentem indo trabalhar todos os dias? Realmente acha que estão entusiasmados para criar um valor único e competitivo se você não está? Acha que poderiam estar suficientemente incentivados a fazê-lo com promoções, recompensas e reconhecimentos?

Busque conquistar uma dinastia, não um campeonato

Cuidado: um objetivo motivador não pode ser apenas uma vitória — uma organização não pode simplesmente se presentear com um troféu sem esperanças de um próximo desafio. No início, o objetivo/visão da Microsoft Corporation era "um computador em cada mesa". O marco da época também era, é claro, sobre a venda de software. Em maio 2018, na CNBC, Jim Cramer sugeriu que os líderes não devem se limitar às planilhas — pois isso seria burro ou uma atitude suicida.

Ajude todos da equipe a verem como podem fazer a diferença de alguma forma — o estímulo subjacente para inovação, excelência e realização pessoal. Busque uma dinastia, não um campeonato.

O conselho como vantagem competitiva para criar valor (de verdade!)

Se você estiver disposto a aderir a esta forma de pensar, então gostaria de trazer uma nova ideia potencialmente inovadora: o conselho administrativo pode, na verdade, ser uma vantagem competitiva. Sua composição, talentos e habilidades podem cumprir o compromisso da responsabilidade fiduciária com uma lente atípica. Falaremos mais sobre isto depois..., mas estar aberto a essa premissa o ajudará a se conectar aos próximos pensamentos.

Cada conselho tem a oportunidade de ser um exemplo único para outros — de estabelecer novos padrões de desempenho, sustentabilidade e sucessão; de estar continuamente melhorando e preparando outros para servir antes de passar o bastão aos membros mais novos. As diretorias precisam adotar um conjunto de valores e princípios operacionais definíveis e de fácil compreensão, garantindo que certos fundamentos sejam diretrizes básicas para o comportamento do conselho, de suas expectativas e de suas responsabilidades. A organização, os líderes *e* a diretoria compartilham a responsabilidade de criar valor em diferentes áreas.

Parceiros no sucesso sustentável e atual

Gosto de ver os conselhos administrativos equilibrando seus duplos papéis de governo e de funções consultivas. O papel como conselheiro de confiança, às vezes, não é desejado ou totalmente utilizado pela gerência. As diretorias devem oferecer diferentes perspectivas e opiniões sobre uma variedade de tópicos, incluindo os avanços técnicos, as situações sociais, a dinâmica empresarial, os conceitos empresariais emergentes e negócios completamente novos.

Vejo diretores e líderes de organizações desconfortavelmente equilibrando a tensão entre uma parceria governante e consultiva, entre a supervisão e a cobrança de prestação de contas. Vamos olhar para o sucesso e a responsabilidade como dois lados da mesma moeda. Quem realmente responsabiliza os conselhos de administração? Acionistas, talvez. Investidores institucionais, talvez. Grupos de ativistas, talvez.

Em uma empresa, a responsabilidade habitual da liderança de relatar à diretoria é válida e muito necessária, mas é insuficiente. A nova forma de pensar é que a diretoria também é responsável pela organização e por sua equipe de liderança. A diretoria e a equipe de liderança compartilham conjuntamente a responsabilidade, como parceiros, para aprender, pensar e agir em conjunto para o benefício de todos os constituintes — tendo diferentes papéis e responsabilidades, mas trabalhando como aliadas.

Uma sugestão anterior para os valores e princípios de funcionamento do conselho precisa ser expandida para incluir *como* ele é responsável pela equipe de liderança e pela organização. Essas responsabilidades precisam expressar plenamente as expectativas da equipe de liderança sobre a diretoria, bem como as expectativas da comunidade de investidores.

Destruindo o mito do prestígio, poder, pagamento de favores

A menção a um conselho administrativo corporativo cria imagens de mesas de mogno brilhantes, ternos caros, expressões sérias e carteiras pesadas. Seus membros são pontos de influência nas comunidades e procuram fazer a diferença para as empresas. Ao olhar para o serviço do conselho, há volume de informações sobre a responsabilidade fiduciária dos membros, como em "dever fiduciário com os acionistas". Esse termo está em quase todos os artigos de "Fundamentos da Diretoria". Como líder empresarial, você já conhece a ideia: controle de risco, controle financeiro, interesses dos investidores (e na maioria das situações, ética, honestidade, princípios, valores etc)... Também prevalece o foco em uma missão viável e relevante — talvez até mesmo uma visão robusta. É claro, a tudo isso deve ser dada atenção.

Uma nova visão do fiduciário

Até onde vai a responsabilidade fiduciária, além de entregar o maior valor para os acionistas? E quanto à responsabilidade fiduciária com os **outros constituintes**? O que ela realmente significa? Vejamos algumas definições comuns:

- do latim *fiducia*, que significa "confiança", uma pessoa... que tem o poder e a obrigação de agir por outra...

em circunstâncias que requerem total confiança, boa fé e honestidade (*The People's Law Dictionary*)

- envolve confiança... [como em] "a empresa tem um dever fiduciário com os acionistas" (*The Oxford Dictionary of English*)

- uma relação fiduciária se estende a todos os casos possíveis em que um dos lados deposita confiança no outro e tal confiança é aceita (*West's Encyclopedia of American Law*)

- uma pessoa, frequentemente em uma posição de autoridade, que se obriga a agir em nome de outra (*Merriam-Webster's Dictionary of Law*)

- uma pessoa ou organização que deve a outra os deveres de boa fé e confiança (*Investopedia*)

É claro que os acionistas da organização são um grupo crítico e de importância — afinal de contas, os membros do conselho representam os acionistas e são eleitos para servirem os interesses deles. Em um nível superficial, alguns podem pensar que os acionistas simplesmente se preocupam com o preço das ações e o potencial de valorização delas. No entanto, mesmo um investidor novato entende que a saúde subjacente de uma empresa — estratégias de crescimento, tratamento de funcionários, atendimento ao cliente e assim por diante — é o que realmente impulsiona o sistema métrico representado pelo perfil de ações.

Responsabilidade fiduciária com os clientes?

Passemos a um grupo constituinte sem o qual a organização não existiria: **clientes**. Você pode argumentar que não há espaço em seu papel como diretor de conselho para influenciar o domínio dos clientes na organização. Pense novamente! Membros do conselho fornecem orientação, conselho e dão parecer às equipes de liderança sobre suas estratégias e planos de longo prazo — se você não vê o cliente poderosamente refletido neste plano e nas métricas de sucesso, então talvez algum diálogo a nível do conselho seja apropriado. Guiar proativamente a equipe de liderança para que considerem cuidar do cliente pode não ser uma função tradicional, mas é necessária. As prioridades dos líderes corporativos são influenciadas pelo conselho; eles farão do atendimento ao cliente uma prioridade se o conselho insistir.

Em vez de ver os clientes como aquelas "pessoas irritantes" que drenam recursos do atendimento e exigem preços baixos, é da responsabilidade de um membro da diretoria se conectar com o que os fazem pensar dessa maneira e insistir em oferecer soluções inovadoras para problemas que podem nem mesmo saber que têm — e ajudá-los a atender melhor os clientes *deles*. Como a receita do cliente paga as contas (e na verdade determina a viabilidade de uma organização), ela é fundamental para salvaguardar as oportunidades de crescimento de mais clientes e ampliar seu relacionamento com a organização. Por isso, a responsabilidade fiduciária com os clientes dos clientes!

Você prefere encarar o lado negativo do foco de um cliente proativo? Pode ser mais fácil imaginar seu papel de governança como membro do conselho quando as vendas estão em baixa, a participação de mercado está em baixa, a renda líquida está em baixa e as classificações dos clientes estão declinando — pode ser que você cite sua "responsabilidade fiduciária" ao mesmo tempo em que elabora a resposta punitiva a esses relatórios. O que o conselho tradicional fará? Apontar o dedo e colocar a culpa na liderança ou na administração? Mudar o sistema e promover uma maneira diferente? Reagir em decepção, desdém ou até raiva? ("*Quando em perigo ou em dúvida, corra em círculos, grite e grite!*")

Considere um cenário alternativo em que a diretoria esteja em maior contato, o suficiente para entender a real dinâmica comercial do mercado e dos associados que a servem. Se há boas ou más notícias na frente que lida com os clientes, os diretores do conselho também são responsáveis.

Responsabilidade fiduciária com os funcionários?

Vamos passar para outra área: **funcionários**. Quais responsabilidades um membro do conselho tem com os colaboradores? Desde o trabalhador do armazém até os altos executivos, a organização é composta por pessoas reais que entregam valor à empresa — elas atuam de forma que levam os clientes a voltar, pagar mais e influenciar a compra de outros (ou o contrário). Como mencionado anteriormente, não há lugar para a participação em um conselho que interfere, se envolve e controla demais os assuntos do dia a dia da organização... e os membros da diretoria podem naturalmente temer cruzar essa linha. Pode ser que esse medo leve os membros a um ponto de desprendimento em vez de motivá-los a trabalhar para o equilíbrio certo.

A separação literal entre membros da diretoria e funcionários exacerba ainda mais essa questão. Em algumas organizações, os funcionários são até instruídos a serem vistos, mas não ouvidos, quando ocorre uma reunião da diretoria. Em nome da segregação de funções, os membros da diretoria são isolados e não encorajados a andar pelos corredores e conhecer o coração e a alma da organização. Quando a liderança se dirige à diretoria sobre sua base de funcionários, ela utiliza relatórios, números, gráficos e estatísticas. Além da aprovação de planos de remuneração e apresentações sobre estratégias específicas de recursos humanos, a interação com qualquer pessoa fora da C-suite é limitada.

Isso pode levar a comunicações isoladas e excessivamente gerenciadas para a diretoria. Isso é uma tradição bem enraizada em nossa cultura corporativa. No entanto, existe uma oportunidade perdida nesta tradição? E se os líderes gastarem energia criando oportunidades de interação para seus membros em vez de isolá-los ativamente do conselho? (Algo além de convidar os membros da diretoria para sentarem na primeira fila e aplaudirem as assembleias de funcionários). Se o conselho, seja em um nível coletivo ou individual, sentir-se mais conectado aos funcionários — conectando nomes a alguns rostos, vendo as pessoas por trás dos números — isso não levaria a um maior envolvimento para ambos os grupos?

Eis um bom teste. Se um membro da diretoria puder caminhar pelos corredores da organização sem ser reconhecido pelos funcionários, pode ser o momento de repensar o quão engajado ele é. Ou, se um membro da diretoria declinou-se educadamente da oportunidade de se encontrar com um grupo de funcionários no refeitório, você estará vendo a tradição trabalhando contra você. Como um membro da diretoria pode sentir a responsabilidade com toda a organização se essa relação for limitada aos poucos indivíduos de quem ouve falar em reuniões?

A liderança de sua organização está receosa do que os membros da diretoria podem aprender interagindo com funcionários ou que possam se aprofundar nas operações do dia a dia? Confiar nos membros do conselho para se envolverem, sem administrarem os funcionários, é fundamental. Ajude-os, prepare-os; acompanhe-os no início. Faça com que a conexão seja parte da cultura. Veja o que acontece, tanto na organização como com os membros da diretoria.

Um teste final

A diretoria é uma defensora da **realidade situacional sobre a tradição organizacional**. Como tal, sua influência é muito maior com uma voz calma, experiente e encorajadora. E, com uma intensa defesa da clareza, especialmente no planejamento de cenários futuros, a diretoria deve ser intolerante com circunstâncias inesperadas — e com aqueles que veem problemas inusitados como circunstâncias *inesperadas* (sem um pensamento de responsabilidade por não ter antecipado a situação). Isto ajuda as equipes de liderança e a organização a observar mais, pensar mais e realizar mais. Isso faz com que antecipem, "vejam depois da curva" e fiquem um passo à frente da concorrência.

Portanto, os melhores, mais brilhantes, mais talentosos e experientes que foram selecionados para o seu conselho devem se reunir como uma equipe — em uma parceria de excelência com a equipe de gestão — para influenciar clientes e mercados, engajar fornecedores e entusiasmar associados. Divirta-se mais e ganhe mais dinheiro.

Além disso, você já pensou na responsabilidade fiduciária de desenvolver e preparar os futuros membros da diretoria? Para identificar, recrutar e desenvolver candidatos de alto potencial para o conselho?

Esperamos que esteja claro que os membros da diretoria devem também caminhar e mascar chiclete ao mesmo tempo; sua parceria fiduciária é essencial para todos os constituintes e para a viabilização da competitividade contínua da organização. Não é apenas culpa da gestão quando as coisas correm mal — o desempenho da diretoria também é questionável.

O QUE VEM A SEGUIR

Cenário da vida real para o próximo capítulo

Mike e Jorden tinham acabado de encerrar uma longa manhã de reuniões intensas e desgastantes.

— Jorden, você alguma vez se perdeu em uma reunião, pensando no que não sabe? Alguma vez temeu que lhe perguntassem sua opinião antes mesmo de você entender a linha de raciocínio? Parece que estou indo bem, mas gostaria de me engajar de forma mais proativa. E não estou conseguindo; é algo maior. É a capacidade a partir do conhecimento ou do instinto informado que me permitiria estar mais em sintonia — disse Mike.

— Uau, eu tenho tido o mesmo pensamento nas últimas semanas. Essas discussões são tão importantes... maiores do que um Boeing 787 e mais complexas do que um voo para a lua. Poderíamos discutir mais esse assunto? Preciso controlar melhor isso. — respondeu Jorden.

— Tenho a impressão que Ben, Charlie, Emily e Jack lidam melhor com isso — disse Mike. — Eles estão totalmente engajados e sinto que sempre estão expressando as opiniões deles. Vamos convidá-los para almoçar esta semana. Nós precisamos de ajuda.

CAPÍTULO 17

O que você está perdendo?

O HOJE JÁ É OBSOLETO

Todos sabemos que o mundo está evoluindo e mudando em ritmo exponencial. Declarações como "Este é o caminho que sempre fizemos e fomos muito bem-sucedidos" estão, é claro, desatualizadas. No mundo de hoje, outro argumento que deve ser questionado, até mesmo ridicularizado, é: "Esta é a nova maneira que fazemos e está funcionando bem!". O pensamento "estamos com isso resolvido" nos levará a colocar os baldes de volta em nossas cabeças — não vendo as oportunidades perdidas ou os concorrentes que passam. Este é um caminho seguro para a obsolescência e para ser ofuscado por equipes e empresas mais prospectivas, com maior visão de futuro.

Precisamos observar mais e mais profundamente para tirar proveito das excelentes oportunidades de mudança de cenário bem na nossa frente. Não podemos fazer isso com baldes em nossas cabeças.

A necessidade de ouvir os outros e absorver suas ideias competitivas é ainda mais crítica. O que dizem os líderes e os membros da equipe? Mais importante ainda, o que os clientes internos e externos estão dizendo? Estamos ouvindo e realmente escutando-os? O que fará com que os clientes queiram intensamente nossas ofertas? Nosso relacionamento com eles deve ser robusto o suficiente para identificar suas propostas de valor mais significativas. Nossos clientes têm mudado ao longo do tempo e continuam mudando. O quanto somos apaixonados por resolver as questões que os perturbam? Estamos obsessivamente focados em chegar à frente de suas necessidades?

Adquirir o gosto pela observação não deveria ser realmente necessário já que éramos tão naturalmente curiosos quando bebês, mas de alguma forma depois que completamos os terríveis dois anos, passamos a gastar grande parte de nossas vidas reaprendendo a pura diversão e a adrenalina natural de imaginar, experimentar e perceber.

O engajamento e a conexão com o mundo não se trata de extroversão ou introversão. Trata-se de viver o momento, assim como imaginar o futuro, de buscar mais, não de se contentar com menos. É a construção de confiança e a alegria de sair da zona de conforto de vez em quando, ajudando os outros a fazer o mesmo. É o furor de explorar novos mundos, novas oportunidades e novas soluções com outros. É a superação da tristeza, da decepção e do medo enquanto se constrói resiliência e força.

Não dependa do feriado anual do "dia da retirada do balde da cabeça"

Precisamos nos engajar continuamente:

- Atividades de prevenção de baldes nas cabeças
- Identificação e reconhecimento de cabeças de balde
- Despertar da remoção do balde da cabeça

Remoção de baldes e insight

Ouvindo, prestando atenção, engajando, sonhando e refletindo

Sócrates disse uma vez: "Questionar é o começo da sabedoria". Se isso é verdade, todos podem ter sabedoria — começamos a coletá-la em uma idade precoce. Talvez já soubéssemos das coisas no jardim de infância. Talvez a sabedoria seja mais do que a inteligência que se aprende no dia a dia, mais do que um resultado acadêmico (talvez até mais do que aprendermos com as experiências ruins). Talvez seja mais do que um QI elevado. Talvez ela esteja disponível para todos. Será que a sabedoria é a aplicação da experiência, do conhecimento e do bom julgamento que vemos ao tirarmos os baldes de nossas cabeças?

Bem, vamos assumir que esta sabedoria, este alto nível de discernimento, é desejável, útil e digno de ser obtido. Como criamos uma curiosidade para buscar ideias e expandir nossas perspectivas? O que aconteceria se pensássemos, intencionalmente, que adquirir sabedoria vale a pena? E se tivéssemos prestado atenção ao preenchimento de nossos "tanques de sabedoria", com um reservatório, para ser utilizado quando necessário?

O contexto pode ser mais importante do que pensávamos. Um olhar para o futuro, um interesse em melhorar as coisas, resolvendo problemas aparentemente insolúveis e enchendo nosso "tanque de sabedoria" — isso pode ser significativo em muitos aspectos. Um reservatório de reflexões do qual se pode extrair opiniões astutas, decisões sábias e ações sensatas. Uma percepção coletiva obtida com a ponderação da realidade enquanto a equilibra com novas visões de possibilidades futuras — parece essencial para os mais úteis, dinâmicos e influentes tanques de sabedoria.

O impacto do discernimento prático

Como seria o nosso mundo com mais discernimento e sabedoria? Você está surpreso com a mesma conclusão que a minha? Parece que seria um mundo com equilíbrio baseado na intencionalidade de desenvolver sabedoria e a vontade de usá-la.

Então, vamos olhar para o que está em jogo e como entendemos nosso papel — quer sejamos *contribuintes* ou *detratores*. O mais importante: estamos fazendo a diferença? Estamos deixando a aparentemente interminável gratificação de fazer (e ajudar os outros a fazer) uma diferença passar? Estamos mais gratos por nossas oportunidades de transformar situações ou estamos mais receosos de nos envolvermos? Entendemos os lados positivos como maiores do que os negativos?

Perspectiva, inspiração, realização e esperança — seja um contribuinte

Estar aberto a possibilidades, fazer o nosso melhor, ajudar os outros a fazerem o melhor, compartilhar nossas experiências boas e ruins e liderar quando necessário — todas essas coisas aumentam nossa confiança, otimismo e coragem para fazer uma diferença significativa. E melhoramos ainda mais ao usarmos nosso reservatório de sabedoria mencionado anteriormente. Desta forma, a sabedoria é um elixir energético quando estamos nos sentindo cansados para dar mais um passo. Vale definitivamente a pena adquirir, crescer, valorizar e usar. E aqui vai mais uma dica: usar a sabedoria gera mais sabedoria. É um esforço sem perdas!

Decepção, indiferença e apatia — não seja um detrator

A experiência de ser decepcionado por outros é dura. Mas quando decepcionamos a nós mesmos é muito pior. Onde está a sabedoria quando precisamos dela? Onde está a sabedoria nos outros quando eles precisam? A sabedoria é propositalmente ignorada? Nos atrapalhamos sem pensar? Falta-nos o reservatório de sabedoria ou nos esquecemos de usá-lo? Talvez haja apenas duas opções, usá-lo ou perdê-lo, como um músculo. Talvez a sabedoria seja uma coisa maior do que percebemos, uma coisa que nos impede de cairmos no arrependimento e na decepção!

Precisamos tirar os baldes de nossas cabeças com confiança e pedir a outras pessoas que nos ajudem a mantê-los longe, para que possamos observar abertamente e reabastecer o tanque com curiosidade contínua — percebendo, tentando e refletindo.

Certo, e agora?

Como você pensa sobre as coisas agora? Sobre as coisas mais urgentes que precisam ser feitas, sobre o que fazer de diferente amanhã? É tempo de verificar novamente. Tire o balde de sua cabeça e perceba a alegria inexprimível de ver sua equipe impactar mercados, clientes e superar a concorrência. Veja que grandes oportunidades estão esperando por você e sua equipe se vocês simplesmente se ajudassem a remover os baldes. Alcance o inesperado, o não experimentado, o extremo — a ousadia e a inspiração para se relacionar compulsivamente com os clientes. Tenha a vontade de vencer... para sua equipe e para seus clientes.

Aplique o básico... ele deve estar claro

O caminho para novos e extraordinários níveis não é uma linha reta. Ele é construído sobre uma base de sucessos e erros e cada um desses esforços incentiva sua equipe por meio do conhecimento conquistado ao longo do caminho. Sua equipe deve sentir a animação de seguir novas direções sem medo de culpas ou rejeições. Você incentivou uma atmosfera de remoção de baldes e recompensação de curiosidades?

Fazendo isso, sua equipe estará livre para ouvir, sonhar com possibilidades futuras, prestar atenção aos clientes e mercados e então se engajar com confiança na promoção de caminhos únicos para soluções maiores. Isso trará a diversão da realização de volta à organização e até mesmo aumentará a lucratividade. Este é um esporte coletivo e todos precisam sentir que seus pensamentos são valorizados. Chegou a hora de se perguntar o que poderia ser realizado se a administração olhasse além da filosofia "nós sabemos o que fazemos" e se os membros da equipe pensassem que suas ideias teriam chances de serem examinadas e implementadas.

Em resumo, é uma questão de relevância. Trata-se de membros da equipe que querem ver uma conexão direta entre o trabalho que fazem todos os dias e seu impacto nos clientes, no mercado e no sucesso da empresa. Pergunte-se: "Se nossa empresa trabalhasse junta da melhor maneira possível, o que mais poderíamos alcançar?"

E, finalmente, lembre-se do músculo de liderança

Quero que você veja as coisas de maneira diferente — para enxergar de novo algumas questões que pode ter se esquecido. Quero que você tenha mais sucesso e entusiasmo do que pensou ser possível. Quero que espalhe a palavra das possibilidades poderosas para que aqueles dispostos a remover os baldes de suas cabeças simplesmente façam isso!

Minha esperança é um caminho mais claro, mais pacífico para realizar o trabalho, brincar e construir amizade para você e para os outros. Que você possa exercer sua sabedoria e liderança ao longo do caminho — para representar a remoção efetiva do balde!

AS LENDAS DA LIDERANÇA

As lendas são aqueles que influenciaram muito minha carreira, meus negócios e meu caminho de desenvolvimento pessoal. Eles são clientes, colegas de trabalho e chefes — listados por ordem alfabética. Muitos outros foram tremendamente influentes em minha vida pessoal e sou sinceramente grato por sua conexão.

Anne Behrens

CCA (Chief change agent in charge) / Agente de mudança
Envolveu toda uma força de trabalho de 7.500 pessoas, representadas por seis sindicatos internacionais, em uma notável transformação sustentável — em uma indústria adversa a qualquer mudança acelerada.

Sempre com um sorriso e uma mente aberta. Sempre engajada e engajando outros.

"O que vem a seguir? Vamos continuar em movimento — você quer tentar? Vamos descobrir outra maneira de nos envolver."

David E. Davis Jr.

Executivo de marketing; escritor, publisher e editor da revista Car and driver **e fundador da revista** Automobile.
Piloto de corrida automobilística aposentado e destemido motorista internacional de carros velozes.

Promotor incansável do melhor e da melhor maneira de fazer qualquer coisa, sempre.

"O que está acontecendo? Eu gosto; faça isso! Você já pensou sobre isso? Você precisa da minha ajuda?"

"Allen, venha comigo. Vamos aprender algo juntos e talvez agitar um pouco as coisas."

"Certo, faça acontecer!"

"Rhoda (Parkin), Eileen (Goldman)."

Doris

Associada do Hall of Fame Sales, loja de departamento Younkers Defensora convicta, apaixonada pela melhoria e pelos clientes.

"Mesmo que você não pense que pode ser feito, nós faremos, Sr. Gould [presidente]. Meu outro Hall of Fame e eu podemos fazer isso — você só precisa nos dar uma chance. O 30-30 Star Program que estamos propondo fará uma diferença definitiva para o cliente e para as vendas!"

Jim Fernandes, USN

Capitão, USS Maloy; comandante da base naval (Yokosuka, Japão) Compromisso absoluto com a qualidade, as pessoas, a eficácia... e com a diversão!

"Faça bem... com dedicação, com atenção aos detalhes e bom humor... Faça a diferença."

"Sim, J., você está certo. O furacão se deslocou de repente e nós estamos nele... Você está no leme; faça-nos passar por ele. Ligue se precisar de mim."

Tom Gould

Executivo de varejo e presidente, loja de departamento Younkers
Alcançou resultados revolucionários de dois por cento de aumento de receita em um mercado quatro vezes menor... com aumento dramático no lucro líquido.

"Rígido em meus objetivos, flexível na execução."

"Os valores e a cultura são muito mais poderosos que os controles, influenciando um número infinito de pessoas e situações."

"J.: você tem que colocar todo esse trabalho em um livro para que outras pessoas possam ver o que pode ser realizado."

Tom Johnson & Chuck Foster

Tom, presidente, e Chuck, diretor de recursos humanos da Allied-Signal Aircraft Landing Systems
Fortes defensores da excelência em todas as áreas durante tempos de mudança e de alto risco de inovação. Sempre entendendo o "porquê", endossando novos pensamentos e experimentando o "como".

Tom: *"Se nossa equipe de liderança não estiver satisfeita com os resultados, o que vamos fazer a respeito disso?"*

"J., eu acho que você está errado. Prove para mim — você tem 24 horas."

Chuck: *"Isso funcionou; vamos falar sobre o que vai funcionar na próxima situação."*

"Você simplesmente não desiste, não é mesmo? Eu gosto disso."

"Oh-oh, você encontrou outra oportunidade para fazermos a diferença — Certo, vamos lá!"

Jack Knuth

Presidente, AlliedSignal Aerospace (Divisão Kansas City)
Líder em tempo de entrega, qualidade, redução de retrabalho e engajamento de funcionários na indústria de transformação aeroespacial.

Famoso por beijar um pato, como prometido quando a organização alcançou seus notáveis "Objetivos de excelência" em menos de seis meses.

"Allen, você está com problemas agora; eu cheguei a esta posição por ser o melhor solucionador de problemas e implementador e conquistador de metas. Agora devo incentivar outras pessoas a focarem essas mesmas habilidades e me concentrar no futuro do negócio, dando uma atenção especial aos clientes dos clientes, aos mercados e à concorrência."

Bill LaMothe

CEO e presidente emérito, The Kellogg Company
Expandiu drasticamente as operações internacionais da Kellogg — movendo as vendas internacionais de menos de trinta por cento para mais de cinquenta por cento. As vendas anuais cresceram em quatro bilhões de dólares e o preço da ação aumentou doze vezes em seus doze anos como CEO.

"J., você sabe o quão mais difícil é permanecer no topo do que chegar nele?"

"Quero que você se aprofunde em nossa organização e encontre as questões e oportunidades que eu e nossa equipe de liderança não estamos ouvindo. Saltaremos qualquer obstáculo em nossos esforços para melhorar e fazer a diferença em nossos mercados."

Marc Lory

Presidente e CEO, Hospital Universitário (Newark, NJ)
Agente de mudança sem restrições e líder inclusivo. Corajoso sob pressão.

O CMO perguntou: "Que diabo você está fazendo aqui?" Marc olhou para mim com um grande sorriso e disse: "Sim, J., que diabo você está fazendo aqui?" E assim começou nosso trabalho em conjunto para transformar o hospital da cidade em tempo recorde com a intenção inabalável de Marc, sua resiliência e seu maravilhoso senso de humor.

Steve Martin

CEO e fundador, Prime Therapeutics; CEO, Blue Cross & Blue Shield of Nebraska
Foco consistente e desafiador no que é possível e no que deve e precisa ser feito... confiando no processo e surpreendido com a velocidade de realização.

Grande pensador multidimensional que consegue fazer as coisas.

"Estas são as tendências do setor, situações sobre as quais precisamos estar conscientes — do quadro geral e das prováveis implicações significativas — e algumas ideias detalhadas sobre como lidar com elas e tirar proveito."

"Ótimo *trabalho.*"

"Vamos continuar."

Bill McMinn

Presidente, FMC Chemical Corporation

Garantir que os mineiros serão respeitados, valorizados e reconhecidos.

"Pegue algumas fitas coloridas e broches; nós vamos até os mineiros para celebrar uma conquista notável em termos de segurança."

"Sim, eu sei que isso fechará a mina mais cedo."

"Eu quero que cada mineiro saia dela para ser reconhecido — vou colocar uma fita em cada um deles e agradecer-lhes!"

Gertrude "Jimmy" McWilliams

Aviadora pioneira; escritora

Comunicadora destemida e conectora notável, que pergunta continuamente:

"Pelo amor de Deus, por que não simplesmente fazemos?" (muito antes de Nike, Inc. adotar o pensamento)

*"Você já fez?" (seguido de "*Ótimo*" ou "Por que não?")*

Hanley Norins

Executivo internacional de publicidade; autor de The Compleat Copywriter, **extraordinário instigador de ideias.**

Uma ética de trabalho intensa e pouco racional.

"Jovem, eu sei por que você está quieto na reunião de hoje... já ouviu que estamos implementando algumas coisas que você mencionou há duas semanas e não está incluído nisso. Bem, eis como isto funciona... *se você não tiver ideias suficientes para doar todos os dias e compartilhá-las livremente, nunca chegará em Nova York ou em qualquer outro lugar que trabalhe. Ponto final!"*

George Dewey Roberts

VP e supervisor de contas, Young & Rubicam, Inc.

Sempre, sempre em busca de melhores maneiras de fazer as coisas e aberto a todas as sugestões. Encorajador do pensamento "faça, tente!"

"A diretoria do cliente quer nossa opinião e nossas recomendações do ponto de vista de um jovem e vai ser você, já que escreveu o rascunho... e o aeroporto de LaGuardia está fechado devido à neve, partiremos de trem em uma hora, então prepare-se rapidamente!"

"O que você acha, já está bom o suficiente?"

"Eu também achava que não, então vamos melhorar."

"Ótimo trabalho, agora vamos dar mais uma chance — nós realmente queremos surpreender nosso cliente."

Christian Wedell

Diretor Regional, Microsoft Corporation (Europa Central)

Liderou o MSCE para ganhar o Microsoft Subsidiary of the Year, um cobiçado prêmio Bill Gates para toda a organização.

"Vamos dar início à nossa implementação Fast Track em nossa reunião de funcionários de sete países na Prague Opera House — distribua as planilhas de apresentações de iniciativa e abra as inscrições para voluntários."

"Uau, estamos com excesso de inscritos... Teremos que fazer mais iniciativas!"

CITAÇÕES DAS MINHAS LENDAS

E uma citação que carrego na carteira e uso há muitos anos... embora apenas de forma seletiva, obviamente — ou a recomendação de Tom Gould para que eu escrevesse o livro teria acontecido há muito tempo!

"Nas planícies de hesitação, alvejam os ossos de incontáveis milhões que, na aurora da vitória, se sentaram para esperar — e, esperando, morreram."

— George W. Cecil

Outra das minhas favoritas, que frequentemente entra em minha vida:

"Quando em perigo ou em dúvida, corra em círculos, grite e grite — ou faça o que precisa ser feito e faça-o agora."

— Anônimo

Quem são suas lendas?

Quem será sua lenda?

Você é a lenda de alguém?

AGRADECIMENTOS

Meu muito obrigado.

À minha confiável equipe de desenvolvimento por seu apoio, amizade e inspiração.

Como colaboradores de conceito valiosos, parceiros de execução, colaboradores de conteúdo, fornecedores de insight, eles me ofereceram sabedoria essencial, interferência oportuna e correções, alfinetadas ocasionais e apoio.

Sim, uma grande equipe vale mais do que muitos, muitos "eu"... a equipe foi ótima ao rir da ilustração do meu veleiro e de muitas outras ideias que eram apenas "chuviscos"!

Jenny Edstrom — colaboradora de redação, editora e incentivadora com dimensões inovadoras do pensamento de marketing.

L. K. Hanson — desenvolvedor de ilustrações com influência perspicaz sobre temas, conteúdo e manchetes.

Lee Snyder — instigador de brainstorming, coordenador de mídia eletrônica, impulsionador de responsabilidade e identificador de outros talentos essenciais.

Aos meus outros apoiadores, incentivadores e influenciadores:

Pamela Elizabeth Allen — minha adorável e amorosa esposa, uma parceira de confiança, inestimável conselheira e colaboradora com amor, paciência e visões infalíveis.

Jim Allen — controle de qualidade nos bastidores.

Jeff Allen — incentivo e apoio incondicional.

Tom Gould — que deu a sugestão original, anos atrás, para um livro tão necessário.

Herb Crane — um amigo universitário quase vitalício, ouvinte, leitor analítico e apoiador com sugestões de extensão de mercado.

As lendas de liderança — que influenciaram minha carreira, negócios e caminho de desenvolvimento pessoal.

E, o mais importante, ao meu amoroso, paciente e sábio Deus pelos dons de insight, sabedoria e fluxo oportuno de conceitos, pensamentos e ideias.

AGRADECIMENTOS PARA TODA A VIDA

Ao meu pai, que me mostrou que a gentileza e o perdão poderiam coexistir com firmeza de princípios e coragem em uma vida saudável e feliz.

À minha maravilhosa esposa, Pamela Elizabeth Allen, que me mostra diariamente o que é ser verdadeiramente amado por alguém.

Ao meu amado Senhor Jesus Cristo, que me ajuda a ouvir, enxergar a verdade e experimentar o amor misericordioso.

Para as próximas gerações — filhos, noras e netos — fontes de uma alegria inimaginável.

SOBRE O AUTOR

J. Allen, Fundador e CEO da Masters Alliance Consultancy, LLC

J. Allen criou novas maneiras de obter resultados revolucionários nos negócios, vantagem competitiva, conexões com o cliente e entusiasmo organizacional. Os trinta anos de experiência em consultoria de gestão abrangem mais de 120 organizações de clientes em treze países e vinte indústrias — de assistência médica, serviços financeiros, de varejo ao software, fabricação de alta tecnologia e produtos químicos.

Allen é formado em administração pela Universidade de Illinois, é um oficial naval norte-americano aposentado e um veterano de doze anos de intensa responsabilidade. Ele foi professor convidado na Univesity of Michigan School of Business e na Universidade de Nova York. Atuou como membro do conselho, presidente do conselho e/ou presidente de numerosas organizações corporativas, voluntárias e clubes.

A capacidade que Allen tem de enfrentar os desafios de situações difíceis é demonstrada por estes comentários de clientes: "*Corajoso e eficaz nas conversas com executivos sobre oportunidades, bem como sobre os problemas que estavam causando o impedimento de resultados e o crescimento... Tem uma capacidade única de promover mudanças positivas em organizações... Conectando-se imediatamente com pessoas de todos os níveis, com oportunidades efetivamente documentadas, ajudando-os a se tornarem uma parte significativa do negócio.*"

Entre os clientes representativos estão Microsoft Central Europe; The Kellogg Company; Federated Insurance Companies; AlliedSignal Aeroespacial; Universidade de Medicina e Odontologia de Nova Jersey; Serviço de Saúde da Índia; ADC Telecomunicações; Thomson Reuters; Raytheon Intelligence, Sistemas de Informação; e Patterson Companies.

Ajudar equipes de gestão e outros a alcançar o que não acreditavam ser possível é seu fio condutor. Ajudar organizações a alcançar o sucesso estratégico, elevar o nível operacional, melhorar a penetração no mercado e fortalecer os resultados são entregas tangíveis. Resultados rápidos e transferência de conhecimento são uma obrigação.

Partes deste livro foram publicadas na edição internacional de 2018 do *Finance Monthly* e *CEO Today.*

MAIS SOBRE O AUTOR

A casa no fim da estrada

Dependendo do período das férias e das circunstâncias econômicas, minha rota de jornais da tarde, depois das aulas e nos domingos de manhã consistia entre 84 a 88 casas em ambos os lados de duas ruas de leste-oeste. As exceções eram duas ruas laterais, com duas casas em uma e uma casa na outra. Estas três casas nas ruas laterais ficavam em estradas íngremes de cascalho — e na última etapa da minha rota. Elas interrompiam o fluxo normal e a cadência das duas ruas principais e às vezes era tentador não entregar a elas em dias úmidos e chuvosos; em dias de frio, dias de neve ao sol fraco; em dias escuros e com muito vento no inverno; ou mesmo em dias de "papel pesado" nas férias. Os dias de verão com sol de quarenta graus também eram um bom motivo.

No entanto, não havia realmente nenhuma consideração sobre "eu faço as entregas ou não", já que estas casas estavam no último quinto da rota de entrega. O verdadeiro dilema, nos dias mais difíceis, era a Casa no Fim da Estrada. Faltavam menos de três quartos para o fim da rota, em um ponto em que o cansaço de carregar duas sacolas de papel, com as tiras cruzadas ao redor do meu pescoço, era mais aparente do que a diminuição do peso dos papéis já entregues. E, é claro, esse cansaço era ampliado aos domingos e dias de venda.

A Casa no Fim da Estrada era separada da penúltima casa em cerca de trezentos metros. Estava além do final da pavimentação — descendo uma colina em uma estrada de cascalho, quase na metade do caminho para o poço artesiano junto ao riacho e aos trilhos da ferrovia. Esta era a "Casa das

Decisões" em dias especialmente difíceis: eu realmente queria me esforçar para voltar a subir a longa colina até a rota principal?

Tenha na memória que só desisti duas vezes (o que significa que eu não tentei, mas sim atravessei a rua, ignorando a Casa no Fim da Estrada). As desculpas eram fáceis, mas as lembranças não. Por isso esse fato só ocorreu duas vezes e no início do primeiro ano de minha experiência na rota do papel. Era mais fácil fazer o esforço do que lidar com a memória da desistência.

Depois de um tempo, pensava ocasionalmente no caminho para a distante casa como um momento calmo para experimentar a natureza — algumas vezes até aproveitando para dar meus primeiros passos na neve em um domingo de manhã. Após alguns meses desta nova atitude, o pensamento persistente de nunca ter recebido um agradecimento nem gorjetas dos moradores no fim da estrada passaram a não ter importância. Parecia que coisas muito mais importantes ocorreriam na minha rota. Eu conheci os residentes... seus nomes, seus cães, seus filhos pequenos e suas preferências de colocação de papel. Meus esforços começaram a ser muito valorizados.

Então houve a noite em que recebi ajuda. Foi cerca de meio caminho para baixo da segunda rua leste-oeste, quase a meio-caminho para a Casa no Final da Estrada, em uma casa branca na esquina. Assim que eu cheguei ao topo dos degraus, a porta da frente se abriu. O homem que a abriu deve ter chegado cedo em casa por causa da tempestade de neve. Ele perguntou se eu gostaria de entrar e me aquecer um pouco. Como eu estava com frio e coberto de neve, aceitei. Ele me serviu um chocolate e um cachorro-quente fumegantes. Enquanto eu comia e bebia, a neve derretia em uma poça no chão e meus dedos começaram a voltar à temperatura normal.

Mais importante, as pessoas no final da estrada ficaram surpresas por conseguir um jornal em uma noite como aquela. Eu ainda penso que as pessoas no fim da rua e o homem que me serviu o cachorro-quente foram enviados por Deus para criar uma memória vitalícia de amor e disposição.